RCEP：
全球最大自由贸易区

迟福林◎主编

THE WORLD'S LARGEST
FREE TRADE ZONE

中国工人出版社

图书在版编目（CIP）数据

RCEP：全球最大自由贸易区 / 迟福林主编. —北京：中国工人出版社，2022.4
ISBN 978-7-5008-7908-4

Ⅰ.①R… Ⅱ.①迟… Ⅲ.①自由贸易区—研究—世界 Ⅳ.①F741.2

中国版本图书馆CIP数据核字（2022）第056300号

RCEP：全球最大自由贸易区

出 版 人	董　宽
责任编辑	周子欣　左　鹏
责任印制	栾征宇
出版发行	中国工人出版社
地　　址	北京市东城区鼓楼外大街45号　邮编：100120
网　　址	http://www.wp-china.com
电　　话	（010）62005043（总编室） （010）62005039（印制管理中心） （010）62382916（工会与劳动关系分社）
发行热线	（010）82029051　62383056
经　　销	各地书店
印　　刷	北京美图印务有限公司
开　　本	710毫米×1000毫米　1/16
印　　张	18.25
字　　数	220千字
版　　次	2022年6月第1版　2022年6月第1次印刷
定　　价	68.00元

CONTENTS 目录

001 序言一 RCEP 的生效实施向世界经济注入亚太力量__周树春

003 序言二 合力建设全球最大自由贸易区__迟福林

第一篇 **RCEP：全球最大自由贸易区**

003 RCEP 面临的几个重要议题__金垣洙

005 以 RCEP 为契机，推动更高水平开放__夏德仁

008 RCEP 助推区域和世界的经济发展__张晓强

012 RCEP 的生效为全球贸易自由化进程提振信心__吴海龙

015 RCEP 的三个关键词__赵晋平

019 对 RCEP 的两点看法和三点建议__欧渤芊

021 RCEP 促进自由贸易和公平贸易__阿农南

024 RCEP 要对标更高水平的贸易自由化协定__李明江

026 合力建设全球最大自由贸易区的 15 条建议

__中国（海南）改革发展研究院课题组

032 RCEP：开启区域经贸合作新篇章

__中国日报社、中国（海南）改革发展研究院课题组

第二篇　RCEP 与区域经济一体化

039　RCEP 推动更高水平区域经济一体化—王一鸣

042　RCEP：区域经济一体化的重大利好—迟福林

047　RCEP：促进区域经济发展、文明交流互鉴—周树春

049　RCEP：区域经济一体化面临的新形势—张蕴岭

052　推进 RCEP 区域合作要坚持三大原则—杨荣文

055　RCEP：东亚区域经济一体化进程的新起点—江瑞平

057　RCEP 意味着“西太平洋时代”的到来—王文

059　RCEP 区域经济合作与展望—王辉耀

062　RCEP：提高区域合作深度、广度—郝福满

065　RCEP：区域经济一体化的发展前景
—中国日报社、中国（海南）改革发展研究院课题组

第三篇 RCEP 与亚洲经济新未来

081 对未来中国－东盟关系的三点建议__王超

084 RCEP 对亚洲发展的三大影响__阿塔育·习萨目

088 RCEP 全面推进亚太经济合作__苏格

093 RCEP 框架下，以科技合作促进经济合作发展__薛澜

095 中国－东盟合作以及中国－越南合作潜力__阮辉煌

097 发挥 RCEP 重要作用，促进东亚经济一体化__霍建国

100 RCEP 面临的挑战和机遇__帕拉格·康纳

103 RCEP 生效后的两点建议__黄达

105 RCEP 对马来西亚的利好和下一步建议__施志光

107 马来西亚 RCEP 进展与合作发展机遇__荷里扎·哈兹里

109 RCEP 背景下柬埔寨面临的机遇与挑战__舍雷瓦

第四篇 RCEP 背景下的中日韩自贸区建设

113 RCEP 背景下争取实现中日韩自贸区谈判的重大突破__迟福林

117 RCEP 生效背景下推进中日韩合作的六点建议__胡正跃

119 抓住 RCEP 生效机遇，深化中日韩中小企业互利共赢合作__邱国洪

123 合作促进中日韩供应链重构__张蕴岭

125 RCEP 的影响与深化中日韩供应链合作的新契机__赵晋平

129 RCEP 框架下中日韩合作面临的挑战和机遇__吴士存

133 RCEP：实现中日韩自贸协定谈判重要突破的 8 条建议

__中国（海南）改革发展研究院课题组

第五篇 RCEP与海南自由贸易港建设

139 RCEP 时代海南与东盟合作的新前景__翁诗杰

142 海南自由贸易港成为双循环交汇点的重大任务__迟福林

154 推进 RCEP 与海南自由贸易港合作__韩潮光

156 在海南建立面向东盟的区域性市场

__中国（海南）改革发展研究院海南自由贸易港研究中心

165 RCEP 框架下深化海南自由贸易港与东南亚区域合作

__中国日报社、中国（海南）改革发展研究院课题组

180 以对标 CPTPP 为例的行动方案与路线研究

__中国特色自由贸易港研究院课题组

190 实现海南免税市场中长期目标的 15 条建议

__中国特色自由贸易港研究院、中国（海南）改革发展研究院课题组

第六篇 RCEP：区域媒体与智库的重要作用

199 中国－东盟全面战略伙伴关系中的智库角色__迟福林

202 在 RCEP 发展方面要加强智库的合作__莎达

204 智库、媒体如何为 RCEP 塑造良好氛围__欧渤芊

206 建立海南自由贸易港与东盟智库联盟__迟福林

211 促进 RCEP 区域人文交流，建立智库联盟和媒体合作联盟__许利平

213 RCEP 中的媒体作用__帕纳·简沃热

216 让和谐共生、合作共赢的声音在 RCEP 区域内广泛传播__刘晓龙

219 讲好 RCEP 惠及人民的故事__黄振威

221 加强中国－东盟媒体合作，推动 RCEP 落实__苏裕

附　录　**名家观点综述**

225　务实推进中国－东盟全面战略伙伴关系
234　建立面向东盟的区域性市场
247　以 RCEP 生效为契机，推进中日韩自贸区建设
258　将海南自由贸易港打造成为 RCEP 区域先行合作区
266　建立 RCEP 区域合作智库联盟或智库论坛

273　后　记

序言一　RCEP 的生效实施向世界经济注入亚太力量

周树春

习近平主席指出，“当今世界正在经历百年未有之大变局。这场变局不限于一时一事、一国一域，而是深刻而宏阔的时代之变”。《区域全面经济伙伴关系协定》（RCEP）在全球面临疫情挑战、经济全球化逆流的“时代之变”中艰难达成并正式生效，不仅有利于推动世界经济复苏，也将为经济全球化发挥自由贸易的开启和引领作用。

第一，RCEP 的生效实施向世界经济注入亚太力量。RCEP 的 15 个成员国的总人口、经济总量和贸易总额均占全球总量的 30%，RCEP 的正式生效实施标志着全球人口最多、经贸规模最大、最具发展潜力的自由贸易区正式落地。可以确信，区域统一大市场的运转将释放区域内巨大的贸易增长潜力，必将有力推动地区实现更高质量、更深层次的区域经济一体化，在世界经贸版图中形成更为强劲的“亚太力量”。

第二，RCEP 的生效实施有力证明真正的多边主义和自由贸易是历史大势。当前，百年变局和世纪疫情交织影响，世界经济复苏面临困难，同时，“对抗”“脱钩”之声不绝于耳。令人振奋的是，“RCEP 的生效实施是多边主义和自由贸易的重大胜利”成为众多国家的共识。多个成员国表示，RCEP 标志着维持开放和互联互通供应链，以及促进更自由且更密切的相互依存关系的集体承诺。可以确信，“拆墙”而不是“筑墙”才是历史大势，坚定维护多边贸易体制才符合世界人民的利益。

第三，RCEP 的生效实施昭示着互利合作、开放共赢的未来。习近平主席在 2022 年世界经济论坛视频会议中强调，“历史反复证明，对抗不仅于事无补，而且会带来灾难性后果。搞保护主义、单边主义，谁也保护不了，最终只会损人害己。搞霸权霸凌，更是逆历史潮流而动”。新冠肺炎疫情发生以来的历史告诉我们，只有同舟共济才能渡过难关，开放共赢才能实现增长，才能构建后疫情时代美好的未来。也可以确信，经过持续不懈的努力，推动构建人类命运共同体的历史步伐一定会不断向前。

[作者系中国日报社社长兼总编辑]

序言二 合力建设全球最大自由贸易区

迟福林

2022年1月1日，《区域全面经济伙伴关系协定》（RCEP）正式生效，标志着当今世界最大的自由贸易区正式起航。与其他自贸协定相比，RCEP有其自身的突出特点：一是开放性。践行多边主义，不排斥任何国家加入；二是包容性。平衡不同发展水平国家的诉求与利益；三是渐进性。灵活务实地推动成员国之间的开放合作。RCEP的生效，不仅为区域经济一体化注入新动力，也将为推动全球自由贸易进程作出新贡献。

一、发挥RCEP政策效应，构建安全稳定的产业链供应链

1. 释放“关税减让”政策效应，增强区域产业链供应链的弹性和韧性。RCEP生效后，区域内90%的货物贸易最终实现零关税，由此将大幅降低区域内贸易成本与产品价格。这需要RCEP成员国共同努力，把放大“关税减让”的政策效应作为早期收获的重点。例如，在既有承诺基础上，尽可能缩短重要原材料、关键零部件的零关税过渡期；推动中国、日本、韩国、印度尼西亚等产业链供应链关键性国家由“国别关税减让”向“统一关税减让”过渡，进一步降低企业利用协定成本等。

2. 释放“原产地累积规则”政策效应，推动区域内产业链供应链的多元化布局。使用区域累积原则的原产地规则是RCEP的重大成果，有利于激

励企业采购区域内产品，推动形成密切、稳定和有竞争力的区域产业链分工合作体系。从发展需求看，要协调推动并尽快完成 RCEP 原产地章节相关条款的审议，推进“原产地累积”向“完全累积”的过渡，使企业依托各成员国资源禀赋与市场优势，灵活调整产业链供应链布局。同时，共同推动原产地认定程序简化，逐步实现区域内海关信息共享基础上的信用通关管理。

3. 释放“服务贸易与投资自由化便利化”政策效应，推动区域内产业链供应链的延伸。RCEP 以非服务业领域投资准入负面清单和正负服务贸易清单模式，推动区域内服务贸易与投资自由化便利化，为内外投资者营造一个稳定、开放、透明的投资环境。未来几年，仍需要推动相关成员国实现服务贸易由正面清单向负面清单的过渡，实现服务贸易与投资负面清单一体化管理；推动实现日韩的研发技术及生产性服务、中国制造、东盟组装等的深度融合，推动区域内加工制造向高附加值环节延伸，整体提升东亚在全球价值链中的分工地位。

二、发挥 RCEP 规则整合效应，推动形成区域一体化大市场

1. 以 RCEP 为重要平台推动区域内市场的对接。RCEP 在整合多个“10+1”自贸协定基础上，打通了东南亚与东北亚规则壁垒，形成了覆盖 22.7 亿人口超大规模市场的制度基础。目前，RCEP 内部相互投资占其全部对外投资的比重为 30%，内部贸易额占其对外贸易额的 40%。为形成区域一体化大市场，需要协调推进各成员国强化在平等准入、公平竞争、产权保护、监管透明度等方面的立法与公平执法，推动实现区域内市场监管与海关部门信息共享、多边互认。适时启动 RCEP 成员国在服务业规则、规制、管理、标准的互认磋商等。

2. 推进农产品、服务业、数字经济等重点领域的共同市场建设。

（1）要依托 RCEP 农业开放政策及快速通关机制，支持企业开展农业投资、种植和加工合作，共建 RCEP 农产品大市场。

（2）推动旅游、医疗健康、文化娱乐等区域内有发展基础、需求比较大的生活性服务业合作，共建 RCEP 服务型消费大市场。

（3）在 RCEP 电子商务规则框架下，推动共建跨境“数字自由贸易园区”“数字经济合作园区”等，推动数据、数字技术、数字服务等便利流动，共同开拓区域内数字经济大市场。

3. 发挥中国市场对区域一体化市场的促进作用。中国是全球最具潜力的大市场。预计在 2025 年前，中国将成为全球第一大商品消费市场，并蕴藏着数万亿元的服务型消费市场空间。中国的消费潜力释放与消费结构升级，无论是对东盟的农产品，还是对日韩的中高端消费品与优质服务，以及对澳、新的能源产品，都有日益增大的市场需求。例如，未来 5 年，中国将从东盟进口 1500 亿美元农产品。这不仅将给 RCEP 成员国带来重大市场利好，也将促进 RCEP 区域一体化大市场的建设进程。

海南地处 RCEP 中心位置。建设海南自由贸易港，努力打造世界最高水平开放形态的政策与制度体系，有望成为 RCEP 成员国分享中国消费大市场的重要枢纽和交汇点。

三、坚持开放的区域发展理念，务实推动 RCEP 自由贸易进程

1. 加快 RCEP 内部双边多边自贸进程。

（1）在原产地规则等条款上继续深化谈判，发挥东盟国家主导作用，研究启动 RCEP 动态升级谈判的可行性。

（2）以 RCEP 为基础争取实现中日韩自贸区谈判的重大突破，形成以

“小多边”引领“大多边”、“大多边”促进“小多边”的 RCEP 新格局。

（3）由于 RCEP 中不同国家的货物贸易自由化承诺程度不同。建议条件具备时相关成员国在落实 RCEP 中尽可能缩短过渡期。

2. 启动中国-东盟自贸区 3.0 版建设。目前，中国-东盟经贸关系已经成为 RCEP 重要的动力源。例如，2020 年中国-东盟双边贸易额为 1991 年的 85 倍，并首次互为最大贸易伙伴。2021 年，中国-东盟货物贸易规模同比增长 28.1%。总的来看，启动中国-东盟自贸区 3.0 版建设的条件已经成熟。以《中国-东盟战略伙伴关系 2030 年愿景》为导向，尽快启动中国-东盟自贸区 3.0 版的可行性研究，在进一步拓宽零关税商品覆盖范围的基础上，实现服务贸易、数字贸易自由化便利化的重要突破，并将其作为落实中国-东盟战略伙伴关系的重要举措。

3. 坚持开放性推动 RCEP 扩容。印度是 16 个创始成员国之一，它的加入将对构建更加稳定的区域产业链供应链、拓展区域市场规模具有重要意义。RCEP 明确，“本协定应当自生效之日起 18 个月后，开放供任何国家或单独关税区加入”。未来，需要在东盟主导下发挥各成员国的作用，争取相关国家加入，并推动 RCEP 逐步升级。

建设好全球最大的自由贸易区，需要 RCEP 成员国发挥合力、务实推进。在此，提出几点具体倡议：

1. 设立 RCEP 合作秘书处。为 RCEP 运行和管理提供支持，如向媒体和公众发布信息，监测和分析区域贸易发展状况；为实施协定以及相关合作项目提供便利服务；进一步增进 RCEP 成员国间合作关系，包括组织部长级会议等。

2. 建立 RCEP 官员能力建设中心。开展 RCEP 成员国的官员能力培训，提高对 RCEP 相关政策落地实施的理解和利用能力，提升 RCEP 开放政策的执行力。

3. 加强 RCEP 媒体及人文交流，构建官民并举、多方参与的人文交流机制。共同“讲好 RCEP 故事”，在区域媒体合作、媒体信息联合发布、青年学者交流等诸多方面加强区域间合作。

4. 建立 RCEP 区域合作的智库联盟或智库论坛。共同打造开放、共享的区域智库合作网络，为促进 RCEP 区域发展和人文交流提供智力支持、搭建交流与合作平台。

我们愿同各方智库一道，就 RCEP 区域合作重大课题等开展联合研究；愿与各方共建常态化交流机制与信息共享机制；愿同各方共同打造 RCEP 区域合作的能力建设中心。

［作者系中国（海南）改革发展研究院院长］

第一篇

RCEP：全球最大自由贸易区

RCEP 面临的几个重要议题

金垣洙　联合国前副秘书长

RCEP 对亚洲和世界来说是一个良好的平台。在新冠肺炎疫情的影响下，我们看到了很多的贸易保护主义以及全球供应链断链现象，这是目前造成的不良影响。RCEP 的签署和生效，是一个双赢政策。从某种程度上来说，我们要实现更多国家共同参与，使得每一个参与国都能够受益，并且 RCEP 也会提供一个非常强有力的区域性价值链，实现一个区域的价值链增长，这也就给我们提供了一个非常强有力的保障，尽管在疫情的背景下，让各方都能实现快速的发展。此外，RCEP 对非参与国也会带来很多积极的信号。要以不同方式加强与非参与国的交流，在这一过程中他们也将关注 RCEP，并且也可能会加入 RCEP 的谈判中。

RCEP 签署后，未来的主要任务包含三个方面的议题，第一个方面所面临的议题是内部任务，比如参与国要特别强调 RCEP 的核准，深入加强细节层面的磋商，并且使之成为一个雄心勃勃的计划，最后和《全面与进步跨太平洋伙伴关系协定》（CPTPP）共同协作，实现一个更高质量、更高水平的发展。与此同时，我相信 RCEP 也会对外界开放，实行一种更加开放包容性的模式。

第二个方面所面临的主要议题，我称为中日韩三国合作发展的时间表，这是一个中心任务。我相信中日韩三个国家将为东盟的领导力发挥作用，实现三国更紧密的协同发展。现在所面临的一个议题是，在自由贸易区的过程中要加快谈判速度。三边的贸易也应该在 RCEP 的框架下深入发展，中日韩要实现三方协议的发展和签署。什么时候签署用什么方式签署，都是未来我们要讨论的议题。

第三个方面所面临的议题，一些东盟国家还没有加入 CPTTP，对于韩国和中国来说，应积极加入 CPTTP 并且快速地进行应对和反应。这些国家加入 CPTTP 会实现贸易的快速发展，并且形成一个协同效应。亚太地区通过这种协议来实现各自的目标，并且在自由贸易区的框架下共同发展。所以，对于非参与国来说，我们要积极对冲和应对地缘政治带来的风险。我相信随着 RCEP 的发展，将会带来更加光明的未来，给亚太地区带来更为紧密合作的愿景。

以 RCEP 为契机，推动更高水平开放

夏德仁　全国政协经济委员会副主任

一、RCEP 的签署充分说明经济全球化历史潮流不可阻挡

当今世界任何一个国家的发展都离不开稳定的国际环境，都绕不开经济全球化的历史潮流。尽管这几年出现了反全球化的逆流，比如突如其来的新冠肺炎疫情，使人们对自由贸易、多边主义的信心严重受挫。2020 年 11 月 15 日，在新冠肺炎疫情很严重的情况下，东盟十国加上中日韩澳新正式签署了 RCEP，由此世界上人口最多、成员结构最多元化、经济规模最大、最具发展潜力的自由贸易区正式启动。RCEP 不仅在亚太地区有效地阻断了单边主义、保护主义的蔓延。一方面，抵消了一部分由于美国遏制中国发展而形成的逆全球化的负面影响。另一方面，为中国将来参与更大范围的经济全球化创造了一个难得的窗口期。在这样一个窗口期，中国以 RCEP 为基本原则，深化内部改革，落实多项贸易规则、贸易投资便利化途径，进一步巩固完善 RCEP 范围内的产业、产业链、供应链、价值链，推动后疫情时代 RCEP 成员国在全球率先恢复增长。同时，继续坚守自由贸易和全球一体化的精神，不断拓宽合作范

围，扫清合作障碍，增加合作伙伴，尽快与欧盟和美欧国家达成自贸协定，形成更加深入的合作格局。这个窗口期对中国来说十分难得，也是一个重大的机遇期。在这期间，海南自由贸易港试验性改革具有非常重大的历史性意义，希望能够对接 RCEP 规则，尽快形成一套成型的经验模式。

二、以 RCEP 为契机推动实施更高水平的对外开放战略

中国加入 RCEP 不仅是参与以自由贸易为原则的区域一体化进程，更是要向全世界表明一个鲜明的态度，就是要以此为新的起点，全面提高对外开放水平，建设更高水平开放型经济新体制。这是中国面对百年未有之大变局，实现社会主义现代化强国目标的重要保障。有这几点需要各方在今后重点推进：首先，要巩固 RCEP 成果，实施好 RCEP 的决定，以自由便利互利共赢的原则，确保各项条款生效并得到落实，争取把 RCEP 做成一个成功的样板，为今后参与更多更大范围的自贸协定创造基础。其次，要自身深化改革，打通国内循环和国际大循环的通道，用统一的市场化原则推进双循环，提高国家内外联动的一致性，完善符合兼容国际经济规则的中国社会主义市场体制。再次，通过企业改革提高中国企业的竞争能力，促进制造业向中高端迈进，以适应日益激烈的国际竞争。最后，按照 RCEP 的规定，有序积极扩大服务业的对外开放，主动适应全球服务贸易发展大趋势与经贸规则重构的新形势，在国内国际规则对接融合中推进制度创新，形成公平竞争的市场环境。

三、进一步加强 RCEP 框架下的中日韩三国合作

RCEP 以东盟为核心、为中心、为基础，中日韩三国响应参加，但是从战略地位来看，中日韩的合作是决定 RCEP 成败的最重要因素，因为中日韩的经济总量分别位列世界第二、世界第三和世界第十二，是影响世界经济格局的重要因素。RCEP 的签署使中日韩合作向前迈出了可喜一步，但是三国在领土问题、地缘政治、历史问题等方面仍然存在争议，以至于三国自贸协定至今没有达成统一意见。我长期在中国东北地区工作，经历了与日韩经济合作的一些过程，总体感觉中日韩经济合作的经济基础和文化背景还是不错的，地方政府和企业在推进合作共赢方面的积极性比较高，存在着很大的合作内在动力和发展空间。关键是今后在解决三国历史遗留问题、增进政治互信等方面需要做更多的工作。加强与日韩的合作是关系到今后世界经济格局发展的重中之重，所以需要我们面向未来，注重长远，以更加理性、包容的态度完善各方面工作。

RCEP助推区域和世界的经济发展

张晓强　中国国际经济交流中心常务副理事长

RCEP作为涵盖全球30%的经济货物贸易和人口总量、成员结构最多元化、发展潜力最大的自由贸易协定，它的签署将有利于稳定区域的产业链、供应链，助推区域和世界的经济发展，也将有力地支持自由贸易和公平的多边贸易体制。

一、RCEP有利于提升东亚生产网络的影响力

百年未遇的新冠肺炎疫情有一个特点，即参与分工体系越深，技术和产业复杂性越高，供应链越长，对全球综合物流网络依赖越大的行业受负面影响越大。联合国贸易司分析认为，精密仪器、机械、汽车、通讯设备等是这次受影响最严重的行业。确实，包括欧盟、美国、日本、韩国等国家和地区在内的汽车、机械设备、仪器表、航空工业都受到了很深重的负面影响。当前，疫情冲击的同时，反全球化的逆流和保守主义仍然存在。几大因素的相互作用下，今后全球和区域供应链会呈现一种更加缩短、更加本地化的趋势，以此避免了供应链过长带来的断链、断供风险。同时，新一代信息技术推动产业转型升级、促进国际贸易以及推动医疗教育等民生领域发展的步伐在明显加快。这些因素都将促使

全球产业链调整步伐加快。北美、欧盟、东亚是全球三大生产网络。我认为 RCEP 的签署和生效，将会进一步凸显东亚产业在全球分工中的重要地位。比如，RCEP 实行原产地区域价值累积规则，根据此前成员间双边自贸协定原产地规则不能算作某国原产的某一产品，通过区域价值累积后，就可能被认定为 RCEP 的区域原产，享受 RCEP 的优惠关税，有助于企业更加灵活地在区域内进行产业布局，建立更完善的产业链分工体系，降低产品的生产成本。这不仅有助于扩大 RCEP 成员国间的贸易，也将极大地促进区域产业深度融合和升级。

二、发挥中日韩在 RCEP 中的重要引领作用

RCEP 是目前唯一一个将中日韩三国包含在同一框架下的自贸协定。从经济总量看来，2019 年 RCEP 的 15 国 GDP 大约为 26 万亿美元，其中中日韩合计为 21 万亿美元。2020 年中日韩经济总量达到了 21.3 万亿美元，这是近些年第一次不仅远远超过欧盟，而且超过了美国。从贸易来看，2020 年中日韩的进出口贸易分别达到 3175 亿美元和 2853 亿美元，相加大约为 6030 亿美元，约占中国外贸额的 13%，超过了中美外贸额，仅次于东盟和欧盟。从产业来看，由于中日韩产业链的供应关联度高，三国的制造业产出占全球的比重约为 50%。应该说三国之间的供应链和产业链的合作水平还是比较高的，且合作的成熟度也比较高。2021 年即使在疫情的影响下，相对而言三国之间的合作受到的冲击也不是那么严重。

当然，因为受制于历史原因以及某些国家的阻挠，中日韩三国的深入合作其实还面临不少困难。但是，RCEP 为这种合作开拓了一个历史新局面，为积极推动中日韩自贸区谈判创造了一个好条件。

此外，必须强调的是中国和东盟的经贸合作。近些年，中国-东盟经贸合作不断取得进展，无论是贸易、投资、基础设施建设，还是产业合作的水平，都在逐步提升。从 2019 年 8 月起，中国-东盟自贸协定升级版正式实施。2020 年，中国与东盟的贸易额逆势增长了 7%，达到 4860 亿美元，占中国的外贸比重达到 14.8%，跃居首位，超过了欧盟。中老、中泰和中国-印度尼西亚的标志性铁路合作项目都在顺利推进，而且双向投资的规模持续扩大。商务部发布的数字显示，2021 年 1—4 月，东盟国家对中国的投资同比增长了 65%，当然可能跟 2021 年 1—4 月基数低的因素有关。同时，中国-东盟在发展战略和政策对接方面的合作在持续深入。因此，我认为在 RCEP 之下，中国和东盟的经贸合作也必将取得更丰硕的成果。

三、将海南自由贸易港建设成为中国与 RCEP 及世界经济循环的重要节点

作为中国大陆唯一的自由贸易港，海南背靠粤港澳大湾区，面向太平洋、印度洋，如果从地理角度看，它位于 RCEP 覆盖的中央区域，因此在发挥 RCEP 的经济循环枢纽、支撑海上丝绸之路建设方面大有可为，完全有条件发挥好海南自由贸易港高度自由便利的政策和体制优势，可以重点打造两个中心：第一个是新型国际贸易中心。海南正在积极培育数字贸易、服务贸易、离岸贸易等新贸易业态，实现将来在海南做全球的生意。因此，通过加强数字化贸易平台的建设，推进跨境电商国际合作，积极对接数字经济的新模式、新规则、新标准，在全面扩大服务业对外开放、继续提升旅游业品质和服务水平的同时，着力推动若干平台的发展，比如世界一流的国际医疗旅游目的地和医疗科技创新平台，是

很有条件的。同时，着力吸引传统企业向高技术、高附加值转型升级，积极利用自由贸易港金融结算的政策优势培育发展离岸贸易，建设离岸贸易中心。第二个是国际一流的经济文化交流中心。一般来说，高标准的国际自由贸易港，一开始是以贸易功能为主，然后成为一个供应链重要节点、产业链的主要集群和价值链的重要枢纽。但是现在来看，这些有影响力的自由贸易港也是重要的国际经济交往、人文交往的重要中心。因此，这样一个中心不只是外商云集，还有人才会聚、政商交流的重要作用，同时聚集一批有全球影响力的、能够对全球产业链供应链价值链有重大影响的重要公司总部。海南作为中国除了香港、澳门之外的唯一自由贸易港，要推动海南自由贸易港成为比肩中国香港、新加坡的国际经济文化交流的重要中心。

RCEP 的生效为全球贸易自由化进程提振信心

吴海龙　中国公共外交学会会长

RCEP 的生效是寒冬里的一抹暖阳，为萎靡不振的世界经济和停滞不前的全球贸易自由化进程提振了信心、增加了希望。

RCEP 的生效是区域国家共谋合作的胜利。尽管一些国家试图破坏区域合作的气氛，改变区域合作的模式与架构，把互利共赢的合作伙伴关系硬生生地标定为“战略竞争对手”的关系，但合作依然是大势所趋，是任何力量都阻挡不了的。本区域的合作既有着深厚的历史积淀和基础，又有着现实的共同需要。合作才能繁荣、合作才能发展。在一个相互依存、相互融合和相互成就的世界上，合作是唯一出路。RCEP 的生效就是区域国家寻求合作、共促发展的结果。

RCEP 的生效是自由贸易的胜利。近些年某些国家武断错误地判定全球化和贸易自由化损害了其利益，因此主动挑起贸易战，大搞贸易保护主义。为了打击竞争对手，不惜采取断供、脱钩、制裁、封锁和长臂管辖等手段，严重破坏了公平竞争的贸易秩序和市场秩序，打乱了供应链的顺畅运行。迄今保护主义造成的恶果并未消除，某些国家仍不思悔改。但搞保护主义毕竟不得人心，全球化的进程也难以逆转，自由贸易的大旗仍在高扬。RCEP 的生效就是区域自由贸易冲破保护主义的樊篱，迈上一个新的台阶的标志性成果。

RCEP 的生效是多边主义的胜利。近年来，一些国家为了达到不可告人的政治目的，极力拼凑以意识形态，甚至以种族划线的狭隘的、排他的小集团和小圈子，迫使区域内其他国家选边站队。这些都是有损区域国家利益、分裂区域国家、破坏区域团结与稳定的行为。只有包容、开放、透明、普惠的机制才是真正的多边主义。RCEP 兼具了这几个特点，因此其生效是区域多边主义对伪多边主义的一次有力对冲。

当然，我们为 RCEP 的生效欢欣鼓舞的同时，还需要看到本区域的发展与合作依然面临着许多困难和挑战。新冠肺炎疫情何时结束尚难预料，而疫情对全球经济的严重冲击和经济本身出现的种种问题相叠加，使全球经济的前景充满了不确定性。

本区域如何在困难和挑战中寻求新的机遇，如何在不确定中寻求稳定，是区域内各国需冷静思考的问题。

第一，区域内国家要坚定不移地高举区域合作的大旗，坚持区域合作的正确方向，防止合作走歪和被带偏。要抵制一切形式的排他的、封闭的、歧视性的、小圈子的、有政治意图的合作。

第二，亚太区域要旗帜鲜明地反对单边主义和保护主义，要持之以恒地推进区域贸易和投资自由化和便利化的水平，要不断朝着区域经济一体化的方向迈进。

第三，区域内国家要用好用足 RCEP 生效后的机会。RCEP 的生效将释放区域内巨大的贸易增长潜力，加快成员国间商品和其他要素的流动，从而推动区域经济的恢复和增长。但 RCEP 的生效并不会从天上自动掉馅饼，各成员国还需要付出艰苦的努力。RCEP 要尽早在 15 个成员国中全部生效，零关税要朝着 90% 的货物贸易覆盖。各国要提升物流通关效率，要为区域间国家的投资创造更好的条件，要形成本地区更加紧密、更具韧性的产业链和供给链。

第四，要大力促进本区域数字经济的发展。数字经济正在成为后疫情时代世界经济复苏和新旧动能转换的核心动力之一。本区域曾经是新经济的倡导者，在数字经济领域理应走在世界的前面。区域国家宜以数字经济伙伴协定为起始，不断扩大区域数字经济合作的广度和深度。

第五，要加快区域绿色经济转型。应对气候变化是本区域面临的突出问题。本区域占全球碳排放的比重最大，区域国家要加大对绿色经济的投入力度，加快推进绿色转型，在应对气候变化和碳排放方面寻找新的合作机会、占据主动，同时也要防止一些国家和区域借碳排放搞新的贸易保护主义。

第六，本区域要加强交流互鉴。本区域具有不同文明和不同社会制度多样性的特点。多样性决定了只有相互尊重、相互借鉴、相互成就，才能和睦相处、共同繁荣。RCEP 的生效为区域国家人员自由流动提供了更多便捷，RCEP 成员国间需要加大沟通和交流，增进彼此的理解和信任，以维护 RCEP 成员国的团结和合作。

RCEP 成员国的媒体和智库在推动区域贸易、投资自由化和便利化以及区域经济一体化方面具有不可或缺的作用。区域内的媒体和智库要为增进区域内各国民众相互了解和认知方面发挥积极和正向的作用，要为加快区域经济一体化进程、为 RCEP 的有效执行，多提一些建设性的意见和建议。

RCEP 的生效既为本区域国家提供了更多的中国机会，也给中国带来了更多的区域机会。海南凭借其自身独占的地理优势、独享的政策优势以及独具的营商环境优势，只要抢占先机，善作善为，必定会成为 RCEP 的最早收获者和受益者。

RCEP的三个关键词

赵晋平　国务院发展研究中心对外经济研究部原部长

第一个关键词：原产地规则。自由化水平再高的自由贸易协定，也需要通过原产地规则来使得自由化的标准和举措能够得到有效的发挥，企业能够自如地运用这些规则去充实自由贸易。过去一段时间在许多国家包括东亚国家范围内，企业利用自贸协定的比例相对来说比较低，其中一个非常重要的原因就在于原产地规则和管理的复杂性，增加了企业获得原产地证明方面的成本和时间，这显然不符合贸易便利化和自由化的安排。

RCEP中的原产地规则，可以说是为了使RCEP的高水平贸易自由化得到有效发挥的一个重要的基础性保障，尤其它具有的特点值得我们关注。第一，累积计算的原产地规则，这充分体现了一个巨大自贸协定的特殊性或者优势。第二，它使得原产地规则或者证明申领的过程更加开放和便利，这就要从RCEP的文本当中去寻找论据来认定。目前原产地证明申领有三种方法，在生效之后10年过渡期内有第三方机构发行原产地证明和经过核定企业自主声明的原产地证明两种并行的方式，作为产品的生产厂商也可以提供。作为核定企业，贸易方也可以提供。10年过渡期及之后第三方机构将退出原产地管理的进程，将采取企业自主声明原产地的方式来提供原产地证明，这显然极大地提高了企业的便利性和开放性。而事实上只有在 10 年过渡期结束之后，才和 CPTPP 高标准的原产地规则完全一致。所以，从这个角度来讲，在企业自主申请的过程中，不同的申请主体在便利性和开放性上有所区别。按照目前 RCEP 中所规定的申请主体主要是指生产方和贸易方（即出口方），但是在 CPTPP 里则作出了明确的规定，进口方也可以自主提供原产地证明。当然，关于这一点在 RCEP 里作了明确的规定，规定协定正式生效之后一年内要展开正式谈判，主要是对“是否允许进口方提供原产地证明”进行协商。因此如何使得原产地规则得到有效发挥，这在一定意义上是保障更多企业能够分享货物贸易自由化红利的根本措施。

第二个关键词：投资自由化。这是为未来东亚区域一体化提供基础的有力保障。在 RCEP 中有关投资自由化的部分内容还是非常丰富的，涉及领域也是比较多的。目前，中国所承诺投资准入的负面清单中，“清单一”12 项，“清单二”11 项，数量非常小，这就证明了我们在投资自由化方面将扩大开放的水平，实现高水平投资自由化的目标。两个清单也有区别，“清单一”一旦确定之后是不能倒退的，开放只能逐步提高；而“清单二”当中因为涉及敏感和其他领域，保留了调整的权利。从这个角度来讲，这种负面清单的管理方式事实上对制造业、农业、林业、渔业和矿业还是实行了高水平的开放。基本上在中国的负面清单里也就没有再涉及更多的制造业和其他方面的项目，而只涉及比如关于种子、自然资源、特殊保障措施等领域，还是一个高水平开放的政策。这就说明在 RCEP 生效之后，首先投资自由化所取得的成果是值得期待的，而事实上我们可以看到在这几年，为什么说东亚地区的产业链、供应链的调整向区域内集中，很大程度上是由企业相互投资引领下所形成的，它是一个重要的载体。所以投资自由化再加上投资促进和投资保护条款的逐步实施，将会使得相互之间的投资更进一步，这是有助于形成一个地区生产网络、提升经济区域一体化的，特别是产业链、供应链向区域内集中。

因此，在投资自由化和便利化措施的落实方面，我们要采取一些有力的措施，并使得这些条款能够真正落地实施。

第三个关键词：供应链重组。在全球范围内，产业链、供应链重组正在成为一个受到各国重点关注的关键词。而事实上作为 RCEP 来说，要实现东亚区域内的供应链重组更加优化和升级，是有许多工作需要做的。比如 RCEP 里面涉及的货物贸易自由化、服务贸易自由化、投资自由化和便利化以及像金融、电信合作等领域，从制度性支撑这一点来说，已经具备了通过促进相互投资、相互贸易往来使得区域内的供应链优化升级或者调整的制度性基础。关键在于，各国如何去落实这些措施，并且使 RCEP 有关投资自由化等措施水平能够进一步提升。

从中方来说，在货物贸易领域，第一年我们降低关税所占的比重，实行零关税的比重对于东盟和其他成员国成员是不同的。对于东盟第一年是 50%以上，对于其他成员国是 30%多。最后一年，我们对于东盟是 90%，对其他成员国是 89%的零关税。从关税平均水平来看，第一年，我们关税的平均水平分别对东盟和其他成员国达到 3.8%和 5.4%，这是一个大幅度下降。最后一年，我们的平均关税对东盟是 1.04%，对其他成员国平均为 1.5%。从这一点可以看出，由于关税水平的降低，会为其他成员国提供稳定的市场。这有利于供应链能够在区域内集中，使得中国不仅发挥供给方的作用，还更多发挥需求方的作用，这是支撑区域经济一体化的重要条件，而中国将会逐步承担这样一个责任。

在这里特别提出几点建议：

第一，RCEP 的谈判还需要持续，比如说原产地规则最终还没有确定。

第二，要吸收更多新成员的加入。

第三，贸易自由化的措施还可以进一步提升，包括一些双边和三边的自贸协定，甚至可以按 CPTPP 的标准去开展新的谈判，以适应一些主要经济体申请加入的需要。

第四，要加大宣传投资便利化和自由化的举措。

第五，要在全球范围内做好规则的应用，尤其在重组供应链的过程中。我们可以看到，在全球出现了一种逆流，将经济问题政治化，动用所谓的双重人权标准作为产业链、供应链主链的标准，并且政府在不遗余力地推动，个别国家也在附和，这违背了多边体制下的投资自由化和便利化的原则。RCEP 成员国要应对这种挑战，发出共同声音，这对于维护区域经济一体化是非常重要的，对于新型经济全球化也是至关重要的。

对 RCEP 的两点看法和三点建议

欧渤芊　中日韩合作秘书处秘书长

一、关于 RCEP 的两点看法

第一个看法，RCEP 让我们看到了一个新亚洲和一个新的亚洲世纪。RCEP 涵盖 15 个国家，但是 RCEP 的意义和影响远远超出这 15 个区域内国家。未来 10~20 年整个亚洲特别是东亚地区有可能成长为世界经济发展的重要引擎。根据 2020 年底的一个预测，到 2024 年，中国仍将保持经济增长速度全球第一。在这个区域内，我们有第二大经济体、第三大经济体，如果把东盟作为一个整体，是世界第五大经济体，这个区域将成为重要的经济发展引擎，国际格局也将向亚洲倾斜，这是我们要超越 RCEP 在国际领域中看到的重大变化。

第二个看法，随着经济关系的不断密切，经济融合程度的不断加深，人文的交往一定会密切起来。在 RCEP 所涵盖的 15 国之内，人口结构充满了多样性，宗教、文化、历史、民俗甚至语言都不相同，我们要努力使这种多样性成为推动 RCEP 区域一体化的正相关因素。也就是说，作为智库要发挥重要的作用，让区域内不同的民族、宗教、文化历史、背景的人加深彼此的客观合理性的相互认知和了解，使得民意和人民之间的认知程度能够有利于 RCEP 各成员国之间经济的持续发展。从历史上看，只有在更加开放包容的文化环境下，才可能推动经济的持续长远发展。

二、关于 RCEP 的三点建议

第一，我建议在未来 RCEP 的落地和相关的发展中，要进一步发挥东盟的核心功能和作用。

第二，海南的区位优势是非常明显的，海南作为中国最南端的一个重要省份，它直接面向的是东盟各国，从这个意义上来讲，在 RCEP 签署的大背景下，给海南自由贸易港建设提供了更加广阔的空间。RCEP 签署之后，使得海南自由贸易港的建设更有紧迫感，因为有时间窗口的问题，未来要降到零关税，海南零关税的优势可能因边际效应会递减。这也就倒逼海南自由贸易港建设要加快步伐，加强顶层设计，能够在 RCEP 的背景下，在我国国内构建新发展格局、贯彻新发展理念下，进一步加强高水平对外开放。

第三，建议智库在 RCEP 落地和东亚经济发展过程中发挥重要的作用。希望能够建立一个机制性的中国-东盟论坛，把海南自由贸易港建设、中国-东盟关系以及 RCEP 区域的发展相结合。

RCEP促进自由贸易和公平贸易

阿农南　菲律宾外交关系委员会主席

RCEP是世界最大的自由贸易区协定，15个RCEP成员国，即东盟10个国家加上中日韩澳新，他们的GDP占了世界1/3。估计到2030年每年可以达到5亿美元的收入，现在是2.9亿美元。到2030年东盟可能成为世界第五大经济体，它的消费市场可以达到4万亿美元，到时候65%的东盟人将会成为中产阶级，东盟总人口将在6亿人左右，这将会成为一个重要的国际舞台力量，东盟人口的结构、投资、数据技术的进步都会作出自己的贡献。

RCEP是第一个包含中国、日本、韩国在内的自贸协定。现在中国和日本分别是世界第二、第三大经济体，我们有可能获得最大的收益，因为我们可以发挥出比较优势，可以在生产中增加它的价值，其他的经济体也会从中获得很多的收益，因为会有更多区域内的贸易，包括供应链将会变得更加强大。要全面批准RCEP可能需要花一点时间，可能要过一段时间才能够收效，但是它会给我们的增长带来很多的潜力。RCEP生效之后，18个月之后可以吸收新的成员，所以RCEP将会提供一个很大的动力，以此促进自由贸易和公平贸易，支持多边贸易体系，希望它是公平透明和包容的一个架构，同时加强区域的供应链，促进疫情后的经济复苏。

RCEP 的灵活性是很多的，包括在执行方面，另外还有一些差别的待遇，帮助不同的行业和不同的企业。RCEP 对区域的贸易可能从短期来说不是很多，因为很多的区域内贸易其实已经实现了零关税，但是从长期来看，RCEP 将会促进区域内的贸易，进一步促进亚洲的作用和本地区的一体化。所以，这是一个经济上的推动力。菲律宾的中小企业特别多，预计 RCEP 将会促进这些企业融入全球价值链中。RCEP 是一个非常好的促进贸易便利化的协议，同时也会促进经济结构的转型，促进竞争和提高生产的效率。

另外，还有一个协定是 CPTPP，很多的东盟成员国都加入这两个协定中，这两个协定之间如何加强协同效应，很大程度上是提高效率。此外，东亚的吸引力在贸易和投资方面也会得到增强，吸引更多的欧洲和拉美的企业。如果克服了国内的分歧，美国可能会重返 CPTPP，进一步促进区域经济一体化。

RCEP 最大的经济体是中国，它发挥着非常重要的作用。现在海南正在建设自由贸易港，能够帮助我们克服疫情所带来的困难。到 2025 年，海南将会成为免税岛。迟福林院长曾经说海南将会成为中国乃至世界的消费中心，具有非常大的发展潜力，特别是在金融、医药、教育和奢侈品等方面。

RCEP 和“一带一路”倡议有很多共同之处，2013 年，习近平主席强调各国之间的经济相互依存，实现共同繁荣，加强决策中的协调。进一步强调突出亚洲在世界中心的作用，所以从东北亚到东南亚，会进一步促进东亚地区的一体化进程。

RCEP 将会成为中国“一带一路”倡议的重要推动力。“一带一路”倡议主要是关于基础设施建设和产业方面合作的，而 RCEP 会创造一个自由贸易区，能够为中国的出口商品提供一个市场。RCEP 比较大的经济体将会和较小的经济体形成一种协调，但是如果我们信任不足就会阻碍进一步的发展。所以，开放、透明、信任和互惠是 RCEP 进一步发展的要点。RCEP 能够把中日韩这个东亚的三大经济体融入其中，如果能够搁置历史问题一起努力，使得 RCEP 的好处惠及各方，这是非常了不起的。所以，我们需要进一步加强团队精神和合作，否则它会在一个关键的时刻阻碍 RCEP 的发展。

现在一个关键的问题，是良好的全球公民是否还有发展空间。所以，在 RCEP 的总体原则中必须把良好的全球公民行为融入其中。比方说，南海应该成为和平之海，确保本地区的和平稳定。同时通过双边和多边的行动，确保所有的国家有可持续的渔业资源，或者是采取良好的实践促进贸易和加强旅游等方面的合作，这样可以更好地利用自然资源。粮食安全是一个重要问题，随着全球人口的增加，这个问题变得更加严重，大国都在努力地为自己争取资源，所以我们应该调动资本和投资，避免出现灾难性的后果。这就要求我们要体现出纪律性，要有好的战略，必须进行很好的管理，遵守相应的规则，并且还要进行改革。同时，要不断地开展合作，执行好 RCEP。

我们还需要关注到国家的利益和地方的利益。RCEP 必须要帮助各个国家的公民，包括消除对他们造成的潜在的不利影响。这是一个非常大的挑战。媒体智库和其他的机构一定要发挥自己的领导作用，协调一致，促进本地区持久的和平与繁荣。

RCEP 要对标更高水平的贸易自由化协定

李明江　新加坡南洋理工大学拉惹勒南国际问题研究院副教授

首先，RCEP 的成功缔结以及启动都表明了全球化赢家联盟的力量。参与启动的国家，对 RCEP 都是非常支持的，对于大多数 RCEP 成员国的民众来说，并不是风险而是机遇。全球化的旧拥有者主要是大多数西方发达国家，而现在他们对全球化已经感觉疲惫，并且有所警惕，相比之下，许多亚洲国家对全球化则表现出强烈渴望。在一项民意调查中发现，越南和菲律宾连续创下了对全球化最高支持水平的纪录，这一切现象意味着 RCEP 标志区域一体化进程迈出了新的重要一步。区域一体化不应该止步于 RCEP，而应对标于更高水平的贸易自由化协定，比如 CPTPP。

其次，研究表明，尽管 RCEP 对所有成员国都会带来益处，但是利益的分配可能会产生不均衡的现象。所以我们也必须认识到 RCEP 自身所存在的弱点。有研究指出，RCEP 将会对韩国、日本和中国之间的经济关系产生积极影响。一些研究结果也表明，和其他更先进的贸易协定相比，东盟国家从 RCEP 当中会获益更少，这也是现有的贸易协定网络所造成的。比如越南和马来西亚预计加入 CPTPP 会比 RCEP 更受益。同样，根据世界银行研究，欧美印度尼西亚全面关系合作伙伴协定将会带来比 RCEP 更大的经济利益。与 CPTPP 和其他一些现有的自贸协定相比，RCEP 的水平相对来说还是比较低的。尤其是在劳工权利、环境、政府采购透明度、知识产权、争端解决等领域。从这个意义上来说，RCEP 的升级并且逐步对接 CPTPP 等其他更高级别的既有贸易安排，是非常重要的。

再次，我认为所有的成员国和有关各方都需要更加努力，进一步提高对 RCEP 的认识。根据太平洋经济合作委员会 2015 年的一项研究，绝大多数公司并没有利用现有的自由贸易协定，在这些自贸协定安排的利用率当中，只有 22%的亚太贸易使用了既有规定。同时，78%的贸易是通过应用世贸组织的标准规则和关税表来完成的。也就是说，现有的自由贸易协定并没有对亚太地区的贸易自由化作出重大贡献。中国-东盟自贸区也可能存在着同样的问题。多年来，企业界对中国-东盟自贸协定的使用率一直很低，如何有效推动并提高其在全国经济实体中的利用率，依然是个挑战。

最后，除了推动 RCEP，RCEP 成员国针对新冠肺炎疫情所采取的许多限制性贸易措施需要加以缓解和取消。现在新冠病毒仍然在全球蔓延，这导致了各国关闭边界，并限制实体经济活动，从而扰乱了国际贸易的顺畅流动。根据国际贸易中心（ITC）编制的数据显示，在疫情暴发的最初几个月，RCEP 成员国共实施了 66 项进出口贸易限制措施。尽管这些限制性贸易措施主要是作为应对疫情的临时措施，但是疫情的不确定性导致了 RCEP 成员国实施了终止日期未知的贸易措施。所有 RCEP 成员国都应携手共同探讨如何尽快放缓和消除贸易限制，推进未来几年内 RCEP 得以顺利实施。

合力建设全球最大自由贸易区的 15 条建议

中国（海南）改革发展研究院课题组

2022 年 1 月 1 日，RCEP 正式生效，标志着当今世界最大的自由贸易区正式起航。当前，在落实 RCEP 的同时，进一步推动区域经济一体化进程，在建设全球最大自由贸易区方面取得实质性成效，成为 RCEP 生效后的重大课题。

一、发挥 RCEP 政策效应，打造更加稳定、更有韧性的产业链供应链

1. 用好“关税减让”与“原产地累积规则”政策，促进产业链供应链优化调整。一方面，利用中日首次达成双边关税减让安排的契机，积极布局面向日本的产业链供应链，支持企业扩大日本集成电路、半导体、医疗器械等新增零关税产品进口；另一方面，针对东盟、韩国等已具有自贸安排且关税减让幅度较小的成员国，建立区域性原材料采购交易市场与生产设备、中间产品交易大市场，引导企业按着有利于获得“原产资格”的原则有效整合现有供应链，并积极开展采购、加工组装、制造等环节的多元化布局。

2. 发挥“服务贸易与投资自由化便利化”政策效应，推动产业链供

应链延伸。引导国内企业在东盟地区布局建设以农业、劳动密集型加工制造为主题的跨境产业园区，带动研发、设计、工程承包、信息通讯等优势服务出口，并在强化金融、保险配套中提高企业对外投资安全性；支持国内企业加大对日本、韩国和新加坡等国家在汽车、信息技术、新材料等领域的双向投资，并积极开展研发设计、交通运输、咨询认证、信息推广等产业项下的自由贸易，推动日韩的研发技术及生产性服务、中国制造、东盟组装的深度融合。同时，加大海南自由贸易港等服务贸易高水平开放压力测试，尽早实现服务贸易由正面清单向负面清单的转变。

3. 重视疫情冲击下物流配送对稳定区域内产业链供应链的重要作用。例如，加大中央财政对海南、广西及山东等地港口基础设施建设的支持，打造面向 RCEP 成员国的物流大枢纽；依托与东盟及日韩交通部长级会议等协商机制，推动跨境物流规则、标准互认、检疫协同；鼓励国内物流企业在 RCEP 成员国内建立电商公共海外仓、物流仓、物流园区等，促进物流数字化转型；加快推动与泰国、越南、印度尼西亚、菲律宾等 AEO（认证经营者）互认，并逐步实现 RCEP 成员国全覆盖。条件成熟时，共建 RCEP 港口联盟，推动实现通关标准统一、监管互认、信息共享，并利用电子锁等现代信息技术实现便利化信用通关。

4. 加强对企业的 RCEP 知识培训，提高利用协定能力。建立面向企业的 RCEP 公共服务平台，为企业提供原产地规则利用、关税减让、产业链布局建议等信息咨询服务；借鉴日韩经验，以海关部门为主导建立 RCEP 大数据库，实现规则精准推广，为重点企业提供“点对点”精准服务；为小微企业开发原产地证书申领程序、业务流程等公共培训项目，明显提升其对 RCEP 利用能力。同时，以政府采购、公益基金等多种方式支持国内高校、智库等开设面向企业的专业化培训服务，以专业化指导促进企业合理布局产业链、供应链。

二、以 RCEP 生效为契机，推动构建基于统一规则的区域一体化大市场

1. 以高水平、制度型开放提升我国在构建区域一体化大市场中的引领作用。依托我国作为 RCEP 区域内第一大经济体和第一大消费市场的有利条件，加强与 RCEP 成员国在 WTO/TBT 委员会等平台上开展统一商品标准的协调沟通；开展 RCEP 成员国在服务业规则、规制、管理、标准的互认磋商，逐步实行服务业领域 AEO 制度，对符合条件的企业开展跨境投资与跨境服务等行为给予简化审批、提升资金汇兑额度等便利化支持；推进成员国市场监管与海关部门信息共享、多边互认。近期内，率先实现与日韩等服务业市场管理标准规则对接，制定面向日韩的企业差异化责任豁免目录，推动跨国法规协调，最大限度减少因标准差异而产生的企业成本。

2. 合作开拓以东盟为重点的新兴消费市场。建立面向东盟的商品推广平台，为我国优质消费品制造商进入东盟市场提供商务咨询、法律事务、税务指导及金融、物流等专业化服务；加强与日韩合作，依托我国数字技术应用优势与日韩服务优势，通过“互联网+”等多种方式共同发展面向东盟中等收入群体的服务消费市场；鼓励专业资格机构与东盟相关机构开展对话合作，共同制定商品服务与专业人员资质标准体系与互认规则，进一步提升我国与东盟消费市场的联通性。

3. 率先推进农产品、服务业、数字经济等重点领域的共同市场建设。

——依托 RCEP 农业开放政策及快速通关机制，支持企业开展农业投资、种植和加工合作，共建 RCEP 农产品大市场。

——加快我国服务贸易开放进程，推动旅游、医疗健康、文化娱乐

等区域内有发展基础、需求比较大的生活性服务业合作与标准互认，共建 RCEP 服务型消费大市场。

——在 RCEP 电子商务规则框架下，共建“跨境数字自由贸易园区”“跨境数字经济合作园区”等，推动数据、数字技术、数字服务等便利流动，共同开拓区域内数字经济大市场。

——依托我国区域内第一大知识产权应用国地位，在 RCEP 知识产权规则框架下建立知识产权大市场，吸引区域内知识产权在我国开展定价、交易、融资、转化等。

——加强沟通，探索建立 RCEP 碳交易市场。

4. 发挥海南自由贸易港在 RCEP 一体化大市场中的枢纽作用。加大海南自由贸易港市场体系建设的资金与人才支持，加快在海南自由贸易港建立面向东盟的国际农产品、消费品、能源、大宗商品及知识产权、数据等交易场所；支持将海南自由贸易港打造成为我国企业面向 RCEP 成员国“走出去”的总部基地；支持海南自由贸易港在封关前参照 RCEP 相关规则拓展零关税清单覆盖度，并开展加工增值货物内销免关税政策创新；支持海南自由贸易港对标 CPTPP，制定更加精简透明的跨境服务贸易负面清单和更加便利的人员流动制度与资金跨境流动制度，并实现投资与服务贸易负面清单一体化管理。

三、开展相关条款后续磋商并适时推动 RCEP 扩容升级

1. 继续推进 RCEP 部分规则的磋商谈判。在推进开放措施尽早落地的同时，与 RCEP 成员国尽快开展原产地规则第四条第二款审议，实现“原产地累积”向“完全累积”的过渡，进一步拓展我国企业开展产业链供应链多元化布局空间；推动原产地认定程序简化，提升原产地自主

声明便利化水平，逐步实现区域内海关信息共享基础上的信用通关管理；整合现有五张关税承诺表，实现由“国别关税减让”向“统一关税减让”过渡。发起设立 RCEP 发展基金，对区域内最不发达的国家或因贸易受损的企业提供补偿，使 RCEP 合作红利普惠化。

2. 合作启动 RCEP 扩容相关工作。一方面，加强印度与成员国经济相互依赖度，特别是对我国的经济依赖度，具有重要战略意义，建议积极同日本、东盟等协商，通过更加优惠的规则安排吸引印度重返 RCEP；另一方面，探讨域内外国家或地区加入 CPTPP 的可能性，如推进中国香港、中国澳门作为单独关税区加入 RCEP，发挥东盟、日韩等作用，吸引欧洲经济体加入，以此降低我国与欧洲国家贸易投资制度性成本。

3. 以 RCEP 为平台加快推进与东盟、日韩更高水平经贸协定谈判。

——尽快启动中国-东盟自贸区 3.0 版建设。以《中国-东盟战略伙伴关系 2030 年愿景》为导向，在进一步拓宽零关税商品覆盖范围的基础上，实现服务贸易、数字贸易自由化便利化的重要突破，并将其作为落实中国-东盟战略伙伴关系的重要举措。

——力争实现中日韩自贸区谈判的突破。采用包括“早期收获计划”、框架协议、多边投资协定等多种合作形式，各方共商共建灵活多样的自贸园区；适应中国消费结构升级大趋势，积极开展旅游、教育、文化娱乐等产业项下的自由贸易；适应中日韩共同面对的人口老龄化挑战，积极推进医疗健康养老产业项下的自由贸易。

——推进同 CPTPP 成员国的高水平双边合作。探讨与日本、新加坡、越南、马来西亚等 CPTPP 成员国进一步扩大开放的可能性，逐步提升我国与 RCEP 部分成员国双边、三边开放水平。

4. 发起设立 RCEP 合作秘书处。为 RCEP 运行和管理提供支持，如向媒体和公众发布信息，监测和分析区域贸易发展状况；为实施协定以及相关合作项目提供便利服务；进一步增进 RCEP 成员国间合作关系，包括组织部长级会议等。同时，在东盟主导下推动尽快成立 RCEP 联合委员会及附属委员会。

四、发挥媒体智库在促进 RCEP 区域人文交流中的重要作用

1. 以建立 RCEP 媒体合作联盟为重点，创造 RCEP 生效实施的良好舆论环境。

——加强国内传统媒体、新媒体等的整合，借鉴亚洲新闻联盟的经验，发起设立 RCEP 媒体合作网络，设立“共同讲好 RCEP 故事”等项目，合作开展 RCEP 规则宣传、成果发布、联合调研等。

——加强媒体人员能力建设。通过组织培训和研讨会，帮助东盟和中国的媒体从业者更好地了解目标国家的文化、社会经济发展、当地法律法规等。

2. 支持建立 RCEP 区域智库联盟。支持国内智库同 RCEP 智库发起设立 RCEP 区域智库联盟，共建常态化交流机制与信息共享机制，消除知识和信息垒壁；通过合作研究、互派访问学者、合作开展人才培训、建立青年营等项目，促进以青年代表为重点的人文交流。同时，围绕 RCEP 落实及扩容升级的重大课题开展联合研究，在交流互鉴中为 RCEP 联合委员会及秘书处提供智力支撑。

3. 以智库为主体，尽快在海南建立 RCEP 官员能力建设中心。发挥海南自由贸易港地理区位优势与人员进出自由便利的政策优势，在海南建立以东盟为主导、中国政府支持的 RCEP 官员能力培训中心，就 RCEP 文本解读、RCEP 规则利用、RCEP 与更高水平经贸规则对接等开展专题培训，提升 RCEP 欠发达成员国政府官员使用经贸规则的能力。

RCEP：开启区域经贸合作新篇章

中国日报社、中国（海南）改革发展研究院课题组

2020年11月15日，RCEP第四次领导人会议期间，东盟十国、中国、日本、韩国、澳大利亚和新西兰正式签署协定。这是经济全球化逆潮下自由贸易和多边主义的胜利，标志着亚太区域经济一体化建设取得突破性进展。

一、RCEP签署：区域经济一体化的突破性进展

1. RCEP：人口最多、经贸规模最大的自贸区。RCEP 15个成员国总人口为22.7亿人，占全球总人口的29.7%；经济总量为26.2万亿美元，占全球GDP的28.9%；15个成员国区内贸易额达到10.4万亿美元，占全球贸易总额的27.4%。

2. RCEP：最具多元化的自贸区之一。RCEP涵盖了东亚的主要国家，既包含发达国家，也包含发展中国家、最不发达国家。RCEP最大限度兼顾了各方诉求，给予最不发达国家差别待遇。为最大限度兼顾不同国家利益诉求，RCEP形成了开放包容、渐进灵活的规则安排。

3. RCEP：最具发展潜力的自贸区。2015—2019年，RCEP区域GDP年均增长5.2%，明显高于CPTPP（2.2%）、USMCA（2.4%），快于全

球 3. 4%的平均增速。到 2025 年，RCEP 有望带动成员国出口、对外投资存量、GDP 分别比基线多增长 10. 4%、2. 6%、1. 8%。到 2030 年，RCEP 将带动全球 GDP 每年增加 1860 亿美元，较 CPTPP 多 390 亿美元。

二、重点关注：RCEP 区域合作的热点议题

2020 年 11 月 15 日至 2021 年 5 月 19 日，境外媒体和新闻网站共发表相关报道近 10 万篇/条，其中 2020 年 11 月 15 日中国、日本、韩国、澳大利亚、新西兰以及东盟十国正式签署 RCEP 为报道峰值，单日报道量超过 8000 篇。

1. RCEP 有助于后疫情时代全球经济复苏。外媒认为，在全球经济遭遇新冠肺炎疫情重创之际，RCEP 将为多边主义和自由贸易贡献力量，将成为拉动全球经济增长的重要引擎。RCEP 的生效将创造更多就业机会，并加速区域和全球价值链的增长，这些将为东盟国家及其贸易伙伴的发展提供强大动力。

2. RCEP 标志着亚洲区域经济一体化迈出重要一步。RCEP 将放大 5 个“10+1”自贸区的能级，缓解区域内经贸规则碎片化，并将强化世界经济重心向亚太转移趋势。外媒预测 RCEP 的签署会加速中日韩自由贸易协定的未来谈判，这将惠及全球 20 亿以上的人口。

3. RCEP 将助力成员国扩大本国出口。中改院年度研究报告《中国消费》预测，中国将成为全球最大最具潜力的消费市场。未来 10 年，中国累计商品进口额有望超过 22 万亿美元。外媒也十分关注 RCEP 在中日和日韩之间带来的关税下降和取消情况，认为随着 RCEP 的签署，日本和韩国企业的对外出口将进一步增长，两国的汽车零部件、钢铁、电器电子产业都将受益。

4. RCEP 增添中国经济动能。据中国海关统计，2020 年中国与东盟双方首次互为第一大贸易伙伴。智库和外媒认为，RCEP 通过相互开放市场准入、改善外部贸易环境，将稳步提升中国与东盟的贸易规模，进而对中国出口和对外投资，以及国内经济产业发展带来积极影响。

5. RCEP 助推海南自贸港发展。国内智库认为，RCEP 为海南自由贸易港建设带来多方面利好。外媒肯定 RCEP 在深化海南对外合作方面的推动作用，认为海南优越的地理位置使其在推动区域贸易中具有独特优势。伴随 RCEP 的实施，海南自贸港将促进中国–东盟的双向贸易，加强海南与东南亚及 RCEP 其他成员国的海空联系。

三、相关建议：以 RCEP 签署为契机推进高水平开放合作

1. 推进以规则为重点的制度型开放进程。完善外商投资准入前国民待遇加负面清单管理制度，进一步缩减外商投资准入负面清单，落实准入后国民待遇。推动服务业规则、规制、管理、标准的内外衔接。

2. 以 RCEP 为重要平台，促进国内国际双循环新发展格局。强化与成员国间的开放合作，推动形成更加紧密稳定的全球经济循环体系，提升国内大循环的效率和水平。市场是全球最稀缺的资源，中国构建新发展格局和扩大内需，将释放巨大而持久的动能，推动全球经济稳步复苏和增长。

3. 推进 RCEP 框架下海南自由贸易港的双边、多边、区域合作。争取支持将海南自由贸易港作为中国与 RCEP 成员国间的先行合作区。这不仅有利于强化各方对建设海南自由贸易港的信心，而且有利于推进海南自由贸易港高水平开放与制度集成创新进程。服务于在海南建立面向东盟的区域性市场，务实推进海南自由贸易港与东盟国家多样化合作。

包括但不限于务实推动与东盟国家邮轮旅游合作，实施游客互换、资源共享计划与国际旅游市场联合营销计划；加快同有条件的东盟国家或地区共建跨境“数字自由贸易园区”“数字经济合作园区”等；着眼于疫情防控常态化的现实需求，强化公共卫生领域的多边合作等。参照RCEP并对标更高水平开放标准，尽快将《海南自由贸易港建设总体方案》政策具体化。率先在海南自由贸易港全面落实中国在RCEP中的承诺内容，为内外投资者提供更加稳定透明的市场环境。支持海南在服务贸易、竞争中性、环境保护等领域率先适用CPTPP的部分条款，推进更高水平的双边、多边、区域经贸合作。

第二篇

RCEP与区域经济一体化

RCEP 推动更高水平区域经济一体化

王一鸣 中国国际经济交流中心副理事长

2022 年 1 月 1 日，RCEP 正式生效。在百年变局和世纪疫情相互叠加，全球产业链供应链紊乱、大宗商品价格持续上涨、能源供应紧张等风险相互交织，世界经济复苏进程不确定性增大的背景下，RCEP 的启动无疑是推动经济全球化和区域经济一体化的标志性事件。RCEP 是目前世界上规模最大的自由贸易区，既能满足区域内发达经济体高标准规则的要求，又能满足发展中经济体开放包容共享的发展要求，前所未有地将本区域发展水平不同的经济体联结成为经济共同体，推动区域经济一体化向纵深发展，将为成员国经济发展创造重大发展机遇。

RCEP 将深化区域经贸合作。协议生效后，90%以上的货物贸易将实现零关税，贸易投资自由化便利化水平大幅提高，区域综合物流和供应链互联互通有效改善，各国之间商流、物流、资金流、信息流更加畅通，产业结构互补性明显增强，经济联系更加紧密，将形成一个更加开放更具发展潜力的大市场，推动区域经济一体化迈上新台阶。

RCEP 将深化产业链供应链合作。在全球经济重心东移和产业链供应链呈现区域化、近岸化发展趋势的背景下，RCEP 的累积原产地规则，将鼓励企业更多使用区域内原产产品，促进生产要素在区域内自由流动，有利于深化区域内产业链分工和合作，降低企业生产成本，提高产品竞争力，增强供应链弹性和韧性，形成多方共赢的局面。

RCEP将激发服务贸易发展活力。RCEP成员国总体上均承诺开放超过100个服务贸易部门，涵盖金融、电信、交通、旅游、研发等领域，区域内服务贸易发展将迎来新浪潮。数字技术、电子商务等领域深化合作，将为区域内跨境电商、数字贸易发展开辟更大空间；研发、设计、资讯、专业服务等生产性服务加快开放，将为数字经济、医药健康、新能源等领域产业合作注入新动能。

过去一个时期，RCEP成员国多实行出口导向战略，加工贸易发展迅猛，形成了以日本、韩国、中国、东南亚国家梯次从高端到低端的产业链，但本地最终消费市场规模较为有限，多以美国和欧洲为主要出口市场。随着中国经济快速发展和市场规模不断扩大，这个格局正在发生改变，近年来，以中国为最终消费市场的区域产业链供应链迅速扩展。麦肯锡全球研究院在2019年发布的《中国与世界》报告中指出，“世界对中国经济的依存度相对有所上升，中国对世界经济的依存度则相对降低”。随着中国市场规模扩大和吸纳本区域出口产品份额提高，与美欧市场将呈现此长彼消的趋势，这预示着中国市场的成长性和开放度提高，将对区域内贸易发展发挥更大作用。

中国正在构建国内国际“双循环”相互促进的新发展格局，进一步拓展内需市场，扩大消费和进口，将为各成员国扩大对中国的出口、推动RCEP区域经贸合作创造条件。2021年，中国货物进出口总额超过6万亿美元，按人民币计价，中国货物贸易进出口同比增长21.4%，其中与东盟的贸易额同比增长19.7%，东盟已成为中国第一大贸易伙伴，占中国外贸总值的14.5%。中国对RCEP其他14个成员国货物贸易增长18.1%，占中国外贸总值的30.9%。

中国将推动更高水平对外开放，有序扩大金融、医疗、养老等服务业对外开放，深化境内外资本市场互联互通。中国承诺 RCEP 生效 6 年后，服务贸易转为负面清单，这将拓展与成员国服务贸易的合作空间。中国正在推动制度型开放，实现规则、规制、管理、标准与国际高标准规则对接。中国已申请加入 CPTPP 和《数字经济伙伴关系协定》（DEPA），正在推动包括国企、竞争政策等方面新一轮改革，并将在数字经济、电子商务、数字贸易等领域加强与 RCEP 成员国合作，提升区域经贸合作水平。

中国正在建设西部陆海新通道，打造与东南亚经贸合作的大通道，海南自贸港、北部湾港将形成面向东南亚的组合港群，成为中国与东南亚双向经贸往来的枢纽。可以预见，海南自贸港在 RCEP 区域合作中的作用将进一步凸显。

中国将以 RCEP 生效为契机，与成员国探索建立开放包容共享的区域经济一体化合作机制，共享发展机遇和发展成果，构建区域利益共同体。

媒体和智库在推动社会进步中负有重要使命。我们要共同努力，坚持维护多边主义，推动经济全球化，促进区域经济一体化，构建开放型世界经济，开创后疫情时代更加美好的未来。

RCEP：区域经济一体化的重大利好

迟福林　中国（海南）改革发展研究院院长

RCEP规则安排的突出特点：发展导向规则和标准导向规则并行；统一性与包容性兼顾；约束性与灵活性兼容；自由贸易新议题与WTO基本原则衔接。它是多边主义与自由贸易的胜利，必将对区域经济一体化产生重大影响。

一、区域贸易投资自由化便利化进程将明显加快

1. 关税减让等措施将释放区域内巨大的贸易增长潜力。RCEP生效后，区域内90%的货物贸易最终实现零关税，海关程序与贸易便利化整体水平超过WTO《贸易便利化协定》，这将大幅降低区域内贸易成本和产品价格，并释放巨大的贸易创造效应。联合国贸发会议（UNCTAD）预计，到2025年，RCEP将使成员国出口增长10%以上。

2. 投资负面清单与棘轮机制的结合将稳定并优化区域内投资环境。RCEP不仅以“非禁即入”的方式对5个非服务业领域投资作出较高水平开放承诺，并且以棘轮机制形成各方扩大开放的硬性约束，将明显提高RCEP成员国市场准入的确定性。

3. 统一且开放包容的市场规则将明显提升区域内贸易投资效率。

RCEP 的生效实施将使区域内部形成相对单一的市场与规则，并针对成员国的不同情况，采取过渡期和例外原则等包容、灵活的做法，务实、有效降低区域内贸易投资壁垒。根据测算估计，RCEP 的全面实施将使成员国每年 GDP 增长 0.5%，并带动全球经济多增长 0.2%。

4. 推动东北亚与东南亚区域融合成为一体化大市场。通过 RCEP，中日、日韩首次结成自贸关系，这将推动东北亚与东南亚两大区域板块市场的融合。同时，RCEP 鼓励各方在教育、人员资格、消费者保护等领域制定互相接受的专业标准和准则，推动区域内服务业管理标准规则的互认对接。

二、区域内产业链、供应链、价值链将进一步融合发展

1. 原产地累积规则将促进区域内产业链、供应链、价值链融合发展。RCEP 使用区域累积原则的原产地规则，将增加产业链、供应链布局的灵活性和多样性，助推区域内企业建立完善的跨国产业分工体系。例如，RCEP 各成员国可依托区域内发展中国家资源要素、中间品生产基础及发达经济体技术优势，充分利用区域内原产地累积规则，形成区域内产业链、供应链和价值链的闭环。

2. 正负服务贸易清单相结合推动区域产业链、供应链、价值链稳定发展。RCEP 各成员国在服务贸易领域均作出高于各自“10+1”自贸协定水平的开放承诺，并结合各自利益关切，以正面清单和负面清单相结合的办法推进区域内服务贸易整体开放，体现了包容性、灵活性与渐进性的特点，释放未来区域内服务贸易高水平开放的稳定预期。

3. 统一的电子商务规则将加快区域产业链、供应链、数字化转型升级。RCEP 首次在亚太区域内达成范围全面的多边电子商务规则，在跨

境信息传输、信息存储、在线消费者保护、个人信息保护、网络安全等焦点问题上达成共识，为数字经济与数字贸易发展提供稳定、便利的制度环境，这会对促进区域产业链供应链数字化转型、亚洲经济体参与全球数字经贸规则构建等产生深远影响。

三、东盟在区域经贸合作格局中的主导地位将进一步强化

1. 东盟在区域经济合作中的主导性、主动性更加突出。RCEP 领导人联合声明再次强调了 RCEP 由东盟提出，并以东盟为中心的事实。RCEP 整合了 5 个“10+1”自贸协定，缓解区域内经贸规则碎片化，增强东盟在区域合作框架中的中心地位。RCEP 秉持东盟“开放的区域主义”原则，承认差异性，兼具原则性与灵活性，突出以共识为基础的区域合作模式，使“东盟方式”在促进区域经济一体化中的作用和优势更加突出。

2. 发展导向的包容性规则安排，促进东盟国家深度融入区域经济一体化进程。东盟成员国中既有发达国家，也有发展中国家和最不发达国家。RCEP 充分考虑成员国的不同发展水平和经济需求，设立特殊和差别待遇条款，并给予东盟最不发达国家过渡期安排。测算表明，发展水平低、经济规模较小的国家都将从中获益。

3. 东盟将在推动区域一体化大市场的进程中成长为全球第四大经济体。RCEP 区域内稳定的制度环境及较快增长的市场需求，是东盟国家经济复苏并增长的关键。预计到 2030 年，东盟 GDP 将达到 6.6 万亿美元左右，成为仅次于美国、中国、欧盟的世界第四大经济体。

4. RCEP 成员国将更多分享中国 14 亿人的消费大市场。在贸易保护主义、单边主义及新冠肺炎疫情的冲击下，中国与东盟双边贸易投资仍

保持较快增长。依托高水平贸易投资自由化便利化制度安排和互补的产业基础，中国与东盟两个最具活力与最具增长潜力的市场将进一步融合。预计未来 10 年，中国累计商品进口额有望超过 22 万亿美元，并在更多商品与服务领域成为全球最大进口国，这给 RCEP 成员国带来重大利好。

四、海南自由贸易港建立面向东盟的区域性市场面临历史机遇

1. 抓住“窗口机遇期”，尽快建立面向东盟的区域性市场。海南自由贸易港要抓住 RCEP 生效到成熟运作的“窗口机遇期”，用好自由贸易港政策与 RCEP 规则的叠加优势，尽快取得建立面向东盟区域性市场的重要突破，这既有利于尽快取得 RCEP 框架下区域内双边多边经贸合作的“早期收获”，也为各类企业投资东盟市场和分享中国大市场提供重要平台。

2. 以务实举措推进海南自由贸易港融入东盟区域性旅游、商品和要素市场等方面取得重要进展。例如，利用免征进口关税及原产地政策等，吸引东盟国家农产品进口并在海南进行精深加工，产品增值 30%以上再免关税进入中国 14 亿人消费大市场；疫情稳定后，海南要率先与东盟国家的岛屿地区开展邮轮旅游合作，实施游客互换、资源共享与联合营销，并推进旅游服务标准对接、人员跨境流动便利化等；依托金融开放政策，建立区域性资本市场，服务东盟企业的投融资需求。

3. 尽快将建立面向东盟区域性市场的相关政策具体化。要参照 RCEP 贸易投资规则，围绕投资保护、自由化、促进和便利化四个方面进一步推进海南自由贸易港投资自由化、便利化制度集成创新；要研究对标 CPTPP 的外商投资准入负面清单，引入棘轮机制，强化各方对海南自由贸易港的开放预期；对表 RCEP 关税减让清单，适时升级海南自由

贸易港“一负三正”零关税清单，扩大零关税覆盖范围；制定不低于RCEP最高水平承诺的跨境服务贸易负面清单，并强化与新加坡等东盟国家专业服务业管理标准规则对接；借鉴RCEP海关程序与贸易便利化条款，制定包括农产品在内的海南自由贸易港海关查验程序与快速通关制度等。

RCEP生效及随后的适时升级，既需要各成员国的共同努力，也需要充分发挥智库作用。我倡议：建立RCEP区域合作的智库联盟或智库论坛，共同打造开放性、共享性的区域智库合作平台。我们愿同各方一道，就RCEP区域合作、海南自由贸易港建设等开展联合研究，与各方共建常态化交流机制与信息共享机制，同各方共同打造RCEP区域合作及海南自由贸易港建设的交流培训基地。

RCEP：促进区域经济发展、文明交流互鉴

周树春　中国日报社社长、总编辑

当前，世界面临百年未有之大变局，新冠肺炎疫情持续蔓延，国际经济复苏面临巨大挑战。针对“人类社会应该向何处去”的时代之问，习近平主席在博鳌亚洲论坛 2021 年年会开幕式视频主旨演讲中倡议：“亚洲和世界各国要回应时代呼唤，携手共克疫情，加强全球治理，朝着构建人类命运共同体方向不断迈进。”作为促进人类发展进步的重要力量，新闻媒体和智库机构应该进一步发挥增进了解、扩大合作的特殊作用，在促进区域经济发展、文明交流互鉴中，推动世界朝着正确的方向前进。

第一，推动区域一体化发展，坚定维护经济全球化。亚太地区是全球贸易和经济活动最活跃、贸易自由化最发达的地区之一，RCEP 成员国的总人口、经济体量、贸易总额均占全球总量约 30%。国际舆论认为，RCEP 给亚洲和世界带来了非常重要的信心：全球化仍有希望，经济全球化潮流不可阻挡。2021 年是中国实施“十四五”规划和 2035 年远景目标纲要的开局之年，将努力构建以国内大循环为主体、国内国际双循环相促进的新发展格局。我们要为国际贸易和世界经济发展构建新平台新机制贡献智慧，促进互联互通、共建共享。

第二，维护真正的多边主义，营造良好发展环境。习近平主席指出，

世界上的问题错综复杂，解决问题的出路是维护和践行多边主义，推动构建人类命运共同体。近年来，有的国家强力推行单边主义、保护主义，在国际上搞“小圈子”“新冷战”，动不动就搞脱钩、断供、制裁，或者是“伪多边主义”“有选择的多边主义”。中国一直和国际社会携手致力于维护以联合国为核心的国际体系、以国际法为基础的国际秩序。我们相信，立足世界格局变化，在广泛协商、凝聚共识基础上，RCEP 将为完善全球经济治理体系持续作出重要贡献。

第三，构建人类命运共同体，探索多元发展新路径。突如其来的新冠肺炎疫情让我们进一步认识到，病毒没有国界，疫病不分种族，全球命运与共。RCEP 成员国经济发展水平不同、意识形态差异大，但都“希望增强缔约方的经济伙伴关系，以创造新的就业机会，提高生活水平，改善各国人民的普遍福利”。我们要围绕各国发展战略、发展模式、发展路径、发展成果等重要议题开展研究和报道，从不同角度为推动世界各国共同发展和构建人类命运共同体的伟大事业添砖加瓦。

海南自由贸易港作为新时代中国的重要开放门户，兼具面向世界和国内超大规模市场的独特优势，在高水平对外开放背景下，将在推进区域经济一体化进程中发挥关键作用。我们希望在海南打造以媒体和智库为主体的机制化论坛，不断为凝聚合作共识、拓展合作成果打下更加坚实的基础，为增进各国人民福祉、共创人类美好未来作出更大贡献。

RCEP：区域经济一体化面临的新形势

张蕴岭　中国社会科学院学部委员

RCEP 最重要的意义，就是首次为东亚地区提供了一个具有规则的开放市场框架，有利于东亚地区加强经济一体化。

一、关于 RCEP

RCEP 是适合东亚区情的一个大型自贸区构建，落实协议需要一个比较长的实施过程，跟 CPTPP 不一样，RCEP 的过渡期相当长，有 20 多年。关键是对落实的过程有严格的监督和进程评估，并且根据变化推进深化。

从自贸区实施的经验来看，大多数自贸区谈得很艰难，但是利用率比较低。所以，落实 RCEP 需要在提高利用率上下功夫。要提高利用率，政府就要帮助企业更好地了解规则和市场。

RCEP 的最重要影响是统合区域规则，降税对贸易的影响可能有限，因为成员国之间大宗产品的关税本来就已经很低了，谈判中降税较多的大多是小宗产品。很多电子产品及其他大宗产品，基本上都是很低的关税甚至是零关税。因此，我们更重视的是 RCEP 的规则，降低交易成本、非关税的影响。

自贸区的签订不一定会带来内部贸易的大幅度增长，有的增长很慢。例如东盟内部早就实行了零关税，但是东盟的内部贸易比重上升非常慢，这取决于内部市场的吸纳能力。从东亚整个市场来看，未来相当长的时间里还是一个外向型的市场。因此，如何利用 RCEP 提升区域内供应链构建水平，如何提升东亚自身的消费能力，是我们今后努力的重点。

二、经济一体化面临的新形势与新挑战

经济一体化发展面临的新形势，在机遇方面，新一轮的科技革命有助于构建更大的跨国性网络，同时这些网络的效益要比原来高得多，因为有更多的人工智能支持。传统网络是通过大规模的远程生产和远程运输来实现的，新一轮的网络构造可能会大幅度地减少异地生产和大规模的运输。这一点值得进一步探讨，如何增强东亚区域网络构建，提升核心运行能力，推动东亚地区未来的结构调整，需要给予更多的重视。

经济一体化面临的新挑战，需要进行研究，采取对策。

第一，疫情本身造成的挑战。疫情造成大量传统的产业链中断，后疫情是否可以完全恢复？现在各个国家也推出了很多新的政策，比如回归生产，缩小产业链远距离的布局，更多地集中少的、小的地区。通过政治化、安全化的安排，推动构建“朋友圈”，大量的技术产品被列为影响国家安全的因素。各个国家都有涉及，有可能会增加限制清单的长度，这些也是经济一体化面临的新挑战。因此，RCEP 要尽快地落实负面清单，而且负面清单的尾巴越短越好。是否可以通过区域合作方式加以解决，还需要区域合作的构建和政治互信的构建。

第二，后疫情经济复苏增长的挑战。达沃斯论坛做了一个调研，85%的企业家对于近期、今年、明年都不是太乐观。特别是疫情影响造

成了原来经济活力最强、为数众多的发展中国家的经济状况、融资状况的恶化，经济发展的差距也在增大，这样也会影响地区和全球经济的发展。

第三，通货膨胀的压力。由于疫情防控期间大规模发行货币，加上产业链终端部分供给短缺，运输费用大幅度增长，通货膨胀的压力增大，不利于经济的稳定恢复与增长。

第四，大国关系的不确定性和不稳定性挑战。是否可以避免对抗、冲突，以“合作性竞争”或者“竞争性合作”推动未来经济关系的发展？这些因素都会影响地区的经济，应该考虑进去。

开放与合作是维护全球和地区经济发展的重要保证，利用好 RCEP，使东亚地区在新形势下获得新发展，需要做深入的工作，市政府、企业都要深入了解，抓住机遇。

推进 RCEP 区域合作要坚持三大原则

杨荣文　新加坡贸工部前部长

我们关注到RCEP在经济上成功的同时，也不能忽视其长期所具有的重要影响，即RCEP将会让本地区更加紧密地联系在一起，促进本地区的和平发展。虽然中国希望印度能够加入RCEP，并且劝说东盟国家能够照顾印度的需求，但最终印度仍决定退出RCEP谈判。我认为，我们应该继续为印度敞开RCEP的大门，因为印度将会是RCEP架构中一个重要的组成部分。

RCEP不是一个固定不变的协定，而是一个不断发展变化的协定，成员国将有一个共同的未来。RCEP应该并且能够帮助成员国在发展中取得平衡，而不是加剧两极分化，否则RCEP将失去其凝聚力。要想RCEP发展好，中国作为RCEP成员国中的最大经济体，在发展的同时也必须要帮助其他国家共同发展。因此，我提出三个关于RCEP健康发展非常重要的原则。

第一，更加先进的国家应该帮助后进的国家开展一些务实合作。例如，目前中国、日本、韩国等国家提出了各种各样基础设施建设的倡议，这些倡议应该得到鼓励，因为如果没有这些倡议，一些没有良好基础设施的欠发达国家是很难追赶上来的。更加先进的国家在向欠发达国家提供援助时，开展友好竞争并不是一件坏事，它可以帮助这些欠发达国家获得更多的帮助。同时，建议更加先进的国家在向欠发达国家提供援助时不要附加政治上的条件。此外，要进一步加强区域协调，促使国家间的总体规划能够更好协调，使得所有人受益。又如，我们要和亚洲基础设施投资银行、世界银行开展进一步的合作。此外，一些软性的援助也非常重要。以人力资源开发为例，希望 RCEP 的培训计划能够快速地帮助有关国家进行能力建设，希望海南能够建设一个 RCEP 培训中心，通过分享知识、经验，了解各国成功的经验和失败的教训，建立一个合作的网络。海南自由贸易港在 RCEP 中占据着特殊位置。

第二，要发挥东盟的主渠道作用。RCEP 是东盟提出的，这并不是一个巧合，它深刻反映了东盟的地理和政治地位。东盟的主渠道作用是有其历史渊源的。本地区一直是东亚和南亚文明汇聚连接之所，在每一个东盟国家都可以看到中国和印度几百年来对这个国家的影响。所以，东盟的中立地位以及东盟与所有主要国家的友好关系，使得东盟可以成为一个很好的交流平台。例如，通过 RCEP，东北亚的三个国家（中日韩）建立起了三方的自由贸易关系；在东盟地区论坛上，美国、韩国、朝鲜能够坐在同一张桌子上进行交流；美朝领导人会晤都是在东盟国家举行；在东盟扩大会议上，中国和澳大利亚有机会进行直接交流。因此，东盟必须是 RCEP 进一步发展的主要推动力。此外，有时非东盟国家之间的争端可以通过东盟国家得到直接的解决。如果东盟能够关注到主要国家的关切，就能够发挥自己有益的作用。又如，目前缅甸的局势，东盟可以在缅甸军方达成和解方面发挥作用，中国、日本和印度对东盟的重要支持是非常有帮助的，通过这样的方式缅甸才能成为 RCEP 的一个活跃的参与方。

第三，要坚持 RCEP 的包容性。RCEP 不应该内固，不要将其变成一个贸易或者经济集团。开放的 RCEP 将会鼓励其他国家也采取贸易、经济自由化的措施，反对“脱钩”和“贸易战”。RCEP 取得成功将能够帮助 CPTPP 取得成功，一个成功的 RCEP 也会给整个世贸组织改革提供动力。

美国对 RCEP 的态度是比较复杂的，有些人认为，RCEP 并没有什么了不起的，只不过是一个传统的自由贸易协定；有些人认为，RCEP 是一种威胁，是一个由中国领导的贸易集团。我们必须要理解各种各样的看法，并且通过我们的言行证明 RCEP 并不是一个老套的自由贸易协定，而是一个向前看的协定；不是由中国所领导的，而是由所有的国家、并且由东盟发挥主渠道作用。

现在全世界正面临着一个困难的转型，我们不清楚在全球经济被注入这么多的流动性之后，是否会导致另外一场全球的金融危机；新冠肺炎疫情会继续导致许多国家受到严重的影响，使这些国家陷入瘫痪中，导致各国内部和各国之间出现越来越严重的政治紧张局势。在一场大型的危机中，RCEP 可以成为问题的一部分，也可以成为解决方案的一部分。如果 RCEP 是一个问题，那么它的前景不会乐观，但是如果 RCEP 成为解决这场危机的一部分，那么它的地位将会得到进一步的提升。RCEP 在 2020 年底签署，正好是在疫情最严重的时刻，表明它有着一个美好的前景，表明它将会发挥重要的作用。

RCEP：东亚区域经济一体化进程的新起点

江瑞平 外交学院原副院长

2022 年 1 月 1 日 RCEP 正式生效，不仅对区域治理格局，而且对全球多边治理，都会产生重大、深远的影响。

1997 年底以“10+3”的启动为标志，东亚地区的区域合作开始全面展开、快速推进，在多个层面上都取得了重大的进展。到 2005 年开始扩员，在原有“10+3”的基础之上，又增加了 3 个国家：澳大利亚、新西兰和印度，从而形成东亚峰会（EAS）。再到 2010 年前后，分别以东盟为中心，形成了四对“10+1”自贸区和一对“10+2”自贸区，这为后来 RCEP 谈判的启动创造了基本条件。2012 年 RCEP 谈判正式启动，通过多方不懈努力，也经历了不少波折，终于在 2020 年 11 月 15 日正式签署。之后各成员国又分别在国内履行必要法律程序，到达原定启动必要条件，于 2022 年 1 月 1 日正式生效。

首先启动的是 10 个成员国，韩国也于 2022 年 2 月 1 日正式实施。2022 年 1 月 17 日，马来西亚向东盟秘书处报备了审核程序，这就意味着按规定 60 天后即 3 月 17 日，RCEP 在马来西亚也会正式生效。这样 15 个成员国中就有 12 个成员国全面生效。RCEP 的正式生效，为正处在疫情蔓延中的世界带来了一抹亮光，其重大意义已经有广泛讨论。

我认为，RCEP 正式启动，只是东亚区域一体化进程当中的一个新的起点，绝不是终点。东亚无论是从制度层面，还是从务实层面，区域经济一体化进程还有漫长的道路要走。仅从 RCEP 本身来看，至少还有几个层面的事情必须要做：

第一，已经生效的成员国如何不折不扣地兑现谈判当中各自的承诺。

第二，我们应该清醒认识到，从今天来看，RCEP 从水平、标准上并不是最高的，至少与 CPTPP 相比还有一定差距。怎样在生效之后，在时机合适的情况下，通过共同的努力，推动 RCEP 向更高水平、更高标准迈进，也是我们面临的一个重大任务。

第三，RCEP 的扩员问题。首先印度参与了最初的谈判，也是创始成员国，什么时候通过必要程序迎接印度回归？除了印度之外，东亚及其他地区成员能否进来，在什么条件下、什么时候进来，这些都值得审慎考量。

第四，RCEP 以外的东亚区域经济一体化，还有许多重要机制。比如中日韩自贸区谈判，什么时候能够正式启动并顺利推进；中国与东盟已经提出了中国-东盟自贸区 3.0 版，如何启动、如何谈判和建设，也是相关国家面临的重要任务；中国已经正式申请加入 CPTPP，什么时候、什么条件下可以启动谈判并顺利完成？

第五，也是最重要的一点，在 2014 年 APEC 会议上，中方已经明确提出，要通过 CPTPP 和 RCEP 两个渠道，共同建成亚太自贸区——FTAAP。现在 CPTPP 早已建成，RCEP 也正式生效了，两者之间怎么连接并为亚太自贸区最终建成作出贡献，这也是相关国家面临的共同任务。

总之，RCEP 虽然正式生效了，也产生了重大、深远的影响，但东亚经济一体化的未来道路还非常遥远，任务也非常艰巨，这些都需要进一步进行分析、做出判断、提出建议。

RCEP 意味着“西太平洋时代”的到来

王　文　中国人民大学重阳金融研究院执行院长

RCEP 是加速“西太平洋时代”到来的重要动力，也折射了美国对华长达 5 年多的全面遏制战略并未奏效的重要标志。

百年未有之大变局，其中最重要的特征就是全球经济重心从北大西洋向西太平洋转移。RCEP 是推进西太平洋经贸一体化的重要诠释。RCEP 是世界历史上第一个由西太平洋邻岸国家主导、没有欧美国家参与、具有全球影响力的协定。2022 年 1 月 1 日 RCEP 的生效实施，标志着全球人口最多、经贸规模最大、最具发展潜力的自由贸易区正式推行，充分体现了西太平洋沿岸引领维护多边主义和自由贸易、促进区域经济一体化的信心和决心，将为全球贸易投资增长、经济复苏和繁荣发展作出重要贡献。从这点来看，RCEP 的历史意义重大。

这些年来，西太平洋沿岸的合作相对较为顺利，虽然还有像中国与澳大利亚关系的一些波折，但目前看来，中澳政治关系没有成为 RCEP 实施的障碍。但未来我们需要有忧患意识，捍卫 RCEP 的长效实施。现在看来，可预见的将来，至少有五个方面的风险。

第一个风险是新冠肺炎疫情的风险。公共卫生安全的冲击若隐若现，成为随时可能出现的“灰犀牛”。

第二个风险源于美国变量。美国推行印太战略与“三边安全伙伴”

(即 AUKUS)，事实上是以安全威胁冲击 RCEP 国家的经济一体化进程。

第三个风险源于区域性的军事风险。

第四个风险是碎片化的“黑天鹅事件”。比如中欧投资协定现在被搁浅，其实从德国、法国和中国等大国的角度希望能够推进，但是一些小国如立陶宛，一些欧洲议会议员成为中欧合作的搅局者。未来 RCEP 也须防范一些小的、碎片化的力量冲击。

第五个风险在于“过激的去碳化贸易”的冲击。RCEP 国家未来的经济发展面临巨大的碳约束，势必会影响彼此的贸易进程。现在全世界约有 140 个国家都宣布了碳中和目标，包括中国和东盟发展中国家，我们还有大量的碳排放碳达峰的需求，发展面临着跟碳相关的碳约束，过早的碳达峰和碳中和约束了我们自己的发展。未来还面临着贸易过程中碳排放的约束，面临着未来碳金融市场的约束等，这些都可能导致大量的不确定性。

人类正处在历史发展的关键节点上。防范战争、非冲突性崛起、消除贫困、不同文明国家之间的经济一体化、杜绝外来霸权的主导，这些过往都没有解决好的难题在 RCEP 国家得到了普遍的解决。

从这个角度看，RCEP 的实施与可持续化，是一种文明的进步，也是大国良性竞争的进步，更是后疫情时代全球化再出发的标志。

RCEP 区域经济合作与展望

王辉耀 全球化智库主任

RCEP 于 2020 年 11 月达成，2022 年 1 月 1 日正式生效，在贸易保护主义和反全球化情绪抬头的背景下，RCEP 的签署并生效是多边主义的胜利，也为自由贸易注入了全新活力。现在全球面临非常多的不确定性，保护主义、逆全球化，还有各种地缘政治风险，RCEP 的达成是一个最大的对冲，是一个最大的有助于维护世界和平的稳定器。

第一，RCEP 可增进成员国之间经贸合作，推动亚洲经济一体化。如韩国和日本没有双边自贸协定，中国与日本也没有双边自贸协定，但通过 RCEP 就有了一个连接，由此日韩及中日之间就可在 RCEP 框架下开展自由贸易。未来 RCEP 存在巨大的发展空间，东盟作为协定发起者在此前协定达成及未来落实推进中都起到非常重要的主导作用，其平衡、务实、包容的立场也将使成员国在 RCEP 框架下实现共同发展、共同繁荣。亚洲未来是世界最大的经济增长区域，RCEP 的签署能够对未来地区及世界自由贸易、经济投资和世界和平发展起到巨大的推动作用。

第二，RCEP 与 CPTPP 相辅相成，共同增加区域经济的多样性、稳定性。除 RCEP 外，CPTPP 也是未来更高标准区域全球化的新推手。RCEP 货物贸易超 90%将逐渐实现免税，未来可能向 95%甚至零关税迈进，但实现这个目标还有一段时间。而 CPTPP 现在已经达到 90%甚至 98%，在知识产权保护、劳工标准、环境标准、数据流动包括国企改革方面都有很多国际新标准，中国申请加入 CPTPP 实际上也是展现了深化开放的决心。CPTPP 国家大部分也是 RCEP 国家，RCEP 将成为一个重要基础，两者将给整个亚太、东盟和区域经济带来巨大提升空间，进一步加强区域经济的稳定性和多样性。未来如果经济蛋糕进一步做大，大家都回到多边谈判机制里，可能会减少国家间直接发生冲突的风险，降低地缘政治风险。

第三，在 RCEP 及 CPTPP 共同推动下，推动建立亚太自贸区或有望提上日程。亚太自贸区（FTAAP）这一概念早在 2006 年就被提出，2014 年亚太经合组织（APEC）领导人非正式会议正式决定启动亚太自由贸易区进程。因此，RCEP 和 CPTPP 叠加起来还有一个更大的目标——能不能达成 FTAAP。这样的话，我们就有了更长远的奋斗目标，这能不能成为 2040 年或 2050 年的奋斗目标？我们能不能制定新的路线图，使 FTAAP 实施起来有更强有力的支撑？这些都有待相关国家进一步推进。

第四，RCEP 在整个环亚太国家中不光是要发挥多边贸易作用，还可发挥投资作用。比如说中国和很多国家共同建设了一个很成功的多边主义机制，即亚洲基础设施投资银行，目前已有 104 个成员国参加，印度是最大的受益方。这一机制可以与 RCEP 叠加，通过推动基础设施建设，为区域互联互通及共同繁荣发展增添助力。基础设施建设在未来是一个巨大的蛋糕，所以亚投行在基础设施建设及世界基础设施革命上将发挥更大作用，而把亚投行升级为世界基础设施银行，可以把蛋糕做得越来越大。

亚洲是当今世界最具发展活力和潜力的地区之一，对全球经济增长的贡献率达到60%。正如新加坡资深外交官马凯硕所言，亚洲的潜力巨大，亚洲当下在全球化中发挥着举足轻重的作用，强有力地维系着多边主义。在未来过程中，亚洲国家应该增强文化自信，在全球化过程中充分施展领导力。

亚洲国家在新一轮全球化中发挥领导力需要进一步推动亚太一体化来增强亚洲国家的凝聚力和国际影响力，也离不开区域大国发挥主导作用。在RCEP及CPTPP等叠加影响下，亚太国家经贸关系的发展将为亚洲推进一体化进程，进而构建亚洲联盟奠定坚实经济基础。而中国作为世界经济发展的“火车头”，其推动亚洲一体化的能力大大增强，可以作为地区优势国家，发挥主导作用、推动区域国家增进协调。

RCEP：提高区域合作深度、广度

郝福满　新加坡国立大学东亚研究所所长

RCEP 是一个区域经济一体化的重要协定，特别是在构建区域价值链方面将发挥重要的作用。

RCEP 不仅经济规模非常大，而且成员国将会在促进经济全球化中发挥重要作用。在过去的几十年中，已经是这么做的，但是全球金融危机之后，经济全球化遇到了挑战。RCEP 将为经济全球化带来新的动力，而且为区域经济一体化带来动力，并且将提高生产链的效率。RCEP 成员国之间的贸易与投资是非常多的，特别是在中日韩和东盟国家之间，这些网络现在正在发生变化，未来在推进实施 RCEP 中必须要认识到这一点，并且要积极地应对这些变化。

在过去，中国是生产最终的阶段，也是整个市场网络的最终阶段。但是，全球金融危机之后情况发生变化，中国现在在价值链中发挥核心作用，而且低端产品也生产得比较少了，有的转移到了其他的国家，包括东盟中的缅甸。同时，它也在其他国家的供应链中发挥了一些作用，现在越来越多中间品在中国生产了。过去韩国、日本发挥着这样的角色，现在这个角色很大程度上被中国所取代了。所以，RCEP 在这方面将会起到非常重要的作用。我认为，中国领导人可以考虑这方面的问题和由此可能会产生的影响，中国是东盟的一个主要投资者，通过“一带一路”倡议、基础设施提供融资方面，还有制造业方面，中国对越南、缅甸、柬埔寨这些国家提供了很多的投资，这种情况在未来也会继续下去，大概占中国 GDP 的 15%。此外，我们不仅要看贸易，投资对 RCEP 也很重要。中国的发展模式也发生了一些变化，因为中国已更加深地融入世界经济中。

当前，中国提出了国内国际双循环发展战略，并进行了重要部署，它将以国内大循环为主，同时国际循环将发挥支持性的作用。我感兴趣的一个问题是随着进一步的区域经济一体化，在这样的背景下意味着什么，在 RCEP 和其他的国际协议中，中国发挥的作用会不会有所降低？另外，中国的经济结构、东盟国家的经济结构都发生了很大的变化，它能够吸引到大量的外国直接投资，总的来说，东盟国家已经是外国直接投资非常大的国家。最近中美之间发生了贸易上的争端，东盟国家也从争端中受益，因为可能有一些行业、有一些产品从在中国生产转移到了东盟国家。还有一个原因是欧洲和美国把东盟看作他们取代中国“+1”的战略。所以，外界对 RCEP 的期望值是非常高的。

我认为，首先，RCEP 需要将一体化最大化。RCEP 需要制定有雄心的目标，采取相应的措施，同时还要建立非排他性的网络。其次，RCEP 是可以不断发展的，比如内部的贸易、互动交流等。再次，要进一步加强合作，包括发挥好印度的作用，可能需要加大力度促进印度重返 RCEP，同时本地区还有其他的国家和地区也想加入其中，我们更应该对此表示欢迎。东盟需要进一步深入推动一体化，帮助东盟更好地发展。东盟已经建立起了共同体，可能有点像在 20 世纪 60 年代的欧盟，但是目标不太一样。中国推进双循环战略，需要进一步推动改革开放，确保 RCEP 的好处能够充分发挥出来，不仅对于中国来说，而且对于其他国家来说好处也能够发挥出来。此外，虽然区域经济一体化很成功，但是不能忘记世界贸易组织，必须要纳入世界贸易组织中才能够更加透明。所以，除了 RCEP 外，世界贸易组织的工作也是非常重要的。最后，要把合作制度化，这就要求我们有一个强大的东盟，需要一系列强大的成员国，另外建立秘书处也非常重要。

在 RCEP 中通过智库合作连接社会也是非常重要的，我认同建立 RCEP 智库联盟或者是论坛等平台的建议，这是一个快捷的方式，也是最有效的方式之一。

RCEP：区域经济一体化的发展前景

中国日报社、中国（海南）改革发展研究院课题组

RCEP于2012年由东盟发起，历经了8年31轮正式谈判。2020年11月15日，东盟十国、中国、日本、韩国、澳大利亚、新西兰的经贸部长正式签署RCEP，覆盖世界1/3的人口、1/3的GDP和1/3贸易额的全球最大自由贸易区由此诞生。这是在经济全球化逆潮下自由贸易和多边主义的重大胜利，标志着亚太区域经济一体化建设取得突破性进展。

一、RCEP：推进区域经济一体化

RCEP协定由序言、二十个章节（包括：初始条款和一般定义、货物贸易、原产地规则、海关程序和贸易便利化、卫生和植物卫生措施、标准、技术法规和合格评定程序、贸易救济、服务贸易、自然人临时流动、投资、知识产权、电子商务、竞争、中小企业、经济技术合作、政府采购、一般条款和例外、机构条款、争端解决、最终条款章节）、四个市场准入承诺表附件（包括：关税承诺表、服务具体承诺表、投资保留及不符措施承诺表、自然人临时流动具体承诺表）组成。RCEP基于“开放地区主义”，推动形成了开放、包容、以可持续发展为导向的区域经济合作机制，对亚太区域经济一体化进程产生重大且深远的影响。

1. 应对经济全球化逆潮的重大举措

（1）有效应对贸易保护主义、单边主义和民粹主义。近年来，在经济全球化逆潮冲击下，RCEP 成员国都遭遇过程度不一、形式不同的贸易保护主义和单边主义冲击。RCEP 各成员国均承诺降低关税、开放市场、减少技术性贸易壁垒，发出了反对单边主义和保护主义的强烈信号，有力支持了自由贸易和多边贸易体制。中国原外经贸部副部长龙永图在博鳌亚洲论坛 2021 年年会上称："近年来逆全球化潮流冲击整个全球体制，国际贸易保护主义、单边主义盛行。加上疫情席卷全球，极大冲击和破坏了全球产业链供应链，而这是全球化的基础，因此很多国家都在怀疑全球化向何处去。在这样一个困难时期，亚太地区 15 个国家签署 RCEP，无疑给整个亚洲和世界带来了非常重要的信心：全球化还是有希望的，经济全球化潮流是不可阻挡的。"

（2）促进开放、自由和以规则为基础的多边贸易体制。RCEP 成员国发展水平不一，有发达国家、有发展中国家、有最不发达国家。RCEP 最大限度体现各方诉求和利益平衡的目标。协定给予最不发达国家差别待遇，明确约定"顾及缔约方间不同发展水平对适当形式的灵活性的需要，包括对特别是柬埔寨、老挝、缅甸以及在适当情况下对越南提供特殊和差别待遇，和对最不发达成员国额外的灵活性"。协定专门设置中小企业和经济技术合作两个章节，帮助成员国当中的发展中经济体加强能力建设，共享 RCEP 成果。

2. 区域自由贸易进程取得的重大突破

（1）货物贸易自由化便利化的突破。

RCEP即《区域全面经济伙伴关系协定》生效后，90%以上的货物贸易将最终实现零关税。许多关税和非关税壁垒将会被降低和取消，各成员普遍实现了较高的货物贸易自由化水平。通过协定，中国和日本首次达成了双边关税减让安排，日本从中国进口商品的关税撤销率为56%，日本出口中国的可获零关税商品比例将从目前的8%扩大至86%。RCEP成员国采取灵活自主的降税模式，具体降税模式包括“协定生效立即降为零”“过渡期（包括10年内等）降为零”“部分降税”“例外产品”四类，但主体是立刻零关税和10年内零关税，既使缔约方在较短时间内享受零关税的红利，又具有灵活性和包容性。

原产地累积规则是RCEP货物贸易自由化便利化的突出亮点。根据原产地累积规则，在确定产品原产资格时，可将各RCEP成员国的原产材料累积计算，来满足最终出口产品增值40%的原产地标准，从而更容易享受到优惠关税。原产地累积规则有利于进一步扩大成员国的中间品贸易，有利于稳定和强化区域供应链。

RCEP做出一系列关于货物贸易便利化的安排。RCEP就海关程序、检验检疫、技术标准、贸易救济等达成了一系列高水平的规则。随着这些便利化规则的落地，RCEP区域内贸易成本将显著降低。

（2）服务贸易自由化的突破。

RCEP“10+5”服务贸易开放水平显著高于“10+1”协定。日本、韩国、澳大利亚、新加坡、文莱、马来西亚、印度尼西亚7个成员国采用负面清单方式承诺；中国、泰国、越南、菲律宾、柬埔寨、老挝、缅甸、新西兰8个成员国将于协定生效后6年内从正面清单转为负面清单。

成员国在建筑、医疗、房地产、金融、运输等服务部门都做出了高水平的开放承诺。

金融服务。首次引入新金融服务、自律组织、金融信息转移和处理等规则。同时，在金融监管透明度上做出了高水平的承诺，为防范金融系统不稳定性提供了充分的政策和监管空间，为全球的金融服务提供者创造了更加公平、开放、稳定和透明的竞争环境。

电信服务。在现有的“10+1”协定电信服务附件基础上，RCEP 包括了监管方法、国际海底电缆系统、网络元素非捆绑、电杆、管线和管网的接入、国际移动漫游、技术选择的灵活性等规则。协定将推动区域内信息通信产业的协调发展，提高专业技术水平和创新能力，带动相关产业链的提升和重构。

专业服务。RCEP 对成员国就专业资质问题开展交流做出了一系列安排。协定将鼓励成员国相关专业机构之间加强多边交流与合作，形成区域内统一的专业标准和规则，提升整体专业服务水平。

（3）投资自由化便利化的突破。

涵盖投资保护、自由化、促进和便利化四个方面。在市场准入、投资保护、便利化等方面做出了全面、平衡的投资安排，形成了 RCEP 区域内统一的投资规则体系。这有助于营造更加稳定、开放、便利的区域投资环境，为本区域吸引外资、促进发展注入强劲动力。

成员国均采用投资负面清单模式。15 个成员国均采用负面清单的方式，对制造业、农业、林业、渔业、采矿业 5 个非服务业领域投资做出了较高水平开放的承诺，明确规定了有所保留的行业和措施。按照协定，不在清单之外再新增任何限制。

（4）自然人临时移动的突破。为促进各类贸易投资活动，各缔约方承诺对于区域内各国的投资者、公司内部流动人员、合同服务提供者、随行配偶及家属等各类商业人员，在符合条件的情况下，可获得一定居留期限，享受签证便利。与以往协定相比，RCEP 将承诺适用范围扩展至所有可能跨境流动的自然人类别，总体水平均基本超过各成员国在现有自贸协定中的承诺水平，具有很高的政策透明度。

（5）涵盖了许多新一代自由贸易协定的议题。

——知识产权。RCEP 涵盖著作权、商标、地理标志、专利、外观设计、遗传资源、传统知识和民间文艺等广泛内容，在兼顾各国不同发展水平的同时，显著提高了区域知识产权保护水平。

——电子商务。达成亚太区域首份范围全面、水平较高的电子商务规则成果。缔约方就跨境信息传输、信息存储等达成重要共识。在贸易救济、政府采购、竞争政策、中小企业、经济技术合作等领域制定了较高水平规则。RCEP 除规定了电子认证和签名、在线消费者保护、在线个人信息保护、网络安全、跨境电子方式信息传输等条款，使得在线合同的签署、电子支付的授权、网络交易的达成得到协定的全面保护和认可，也为在本地区电子商务和数字贸易的发展繁荣提供了重要保证。

——贸易救济、竞争、政府采购等。RCEP 成员国在这些方面均做出了较高开放水平的承诺，有利于成员国之间开展公平贸易，反对市场垄断，保护消费者权益，并开展政府采购领域的合作。

3. 为区域和全球经济复苏增长提供重要动能

（1）促进区域内贸易投资。RCEP 将释放巨大的贸易投资潜力。联合国贸发会议研究报告表明，到 2025 年 RCEP 将会给 15 个成员国带来 10% 以上的出口增长。联合国贸发会议估计，到 2025 年 RCEP 预计使成员国出口增长 10%以上。联合国贸发会议的投资趋势监测报告显示，RCEP 签署和实施将有效支撑本地区的投资，2020 年全球 FDI 下降 30%～40%，而

RCEP 仅减少约 15%。

（2）促进区域和全球经济复苏增长。在当前新冠肺炎疫情加剧经济衰退、国际贸易投资严重萎缩、一些国家政策内顾的背景下，RCEP 将显著提升区域经济一体化水平，为全球经济疫后复苏和区域经济长期可持续增长贡献新动力。据彼得森国际经济研究所估计，到 2030 年 RCEP 将使成员国国民收入每年新增 1860 亿美元，助力成员国 GDP 年均增长 0.2%；到 2030 年，RCEP 将带动全球 GDP 每年增加 1860 亿美元，较 CPTPP 多 390 亿美元。布鲁金斯学会认为，到 2030 年 RCEP 将使成员国国民收入每年新增 2090 亿美元，为世界贸易增长贡献 5000 亿美元。RCEP 各成员国均认为 RCEP 将助力各国疫情后的经济复苏，为本国经济增长提供新动能。

4. 全球经济重心开始向亚太转移

（1）亚太地区正成为全球经济重心。彭博社经济部首席经济学家汤姆·奥尔利克和彭博社经济部经济学家比约恩·范鲁瓦耶利用增长核算框架，绘制出了世界经济将发生的一些重大地理和政治变化的图景。结果表明，亚洲正重返全球经济舞台的中心。21 世纪初，亚洲只占世界经济产出的 25%，远低于北美和欧洲，但到 2050 年，亚洲将贡献世界经济产出的一半以上。普华永道在 2020 年 10 月初发布的报告显示，过去 10 年，东盟国家经济迎来快速发展，国内生产总值年均增长速度超过 5%；2019 年，东盟国家 GDP 总量达到 3.17 万亿美元，仅次于美国、中国、日本和德国，成为世界第五大经济体。据亚洲开发银行 4 月 28 日发布的《2021 年亚洲发展展望》预测，2022 年亚洲发展中经济体的增速有望反弹至 7.3%。博鳌亚洲论坛 2021 年年会发布的《亚洲经济前景及一体化进程 2021 年度报告》认为，在全球受到新冠肺炎疫情严重冲击的背景下，亚洲地区相对强劲的经济表现进一步提高了亚洲在全球经济总量中的份额。

（2）RCEP 是全球经济重心向亚太转移的象征。RCEP 的签署，标志着东亚太平洋、欧洲和北美三大板块的形成，并且 RCEP 是三大自贸区中规模最大的板块。从人口看，RCEP 15 个成员国总人口 22.7 亿，人口数占全球人口的 29.7%，欧盟（EU）占比为 6.7%，北美自贸区（USMCA）占比为 6.5%，RCEP 覆盖人口分别是欧盟、北美自贸区的 4.4 倍、4.6 倍。从 GDP 看，RCEP 经济总量为 26.2 万亿美元，占全球 GDP 的 28.9%，欧盟占比为 21.2%，北美自贸区占比为 26.5%，RCEP 经济总量分别是欧盟、北美自贸区的 1.4 倍、1.1 倍。从贸易额看，RCEP 15 个成员国贸易额占全球贸易总额的 27.4%，欧盟占比为 29.0%，北美自贸区占比为 17.6%。从劳动力看，RCEP 15 个成员国 15~64 岁的劳动人口占全球的 31.6%，欧盟占比为 6.7%，北美自贸区占比为 13.2%。

（3）RCEP 将为亚太经济圈形成发展提供推动力。毕马威（2020）报告提出，RCEP 具有三大特点：人口和经贸规模最大、最包容、最具发展潜力。在 RCEP 签署前，RCEP 区域内的投资活动已经在不断加强。例如，根据越南统计局的数据，2019 年越南吸引外资金额达到 167 亿美元，其中韩国、中国、新加坡和日本已成为越南吸引外商直接投资的主要来源国，合计投资占比达到 60%。东盟十国间投资占其全部对外投资比重也从 2014 年的 25%上升至 2019 年的 40%。RCEP 的生效将继续给该区域以及全球范围内的贸易和投资带来新的积极因素。

表 1　全球主要的大型自由贸易区基本情况

	RCEP	CPTPP	EU	USMCA
成员国（个）	15	11	27	3
人口（百万）	2262（29%）	508（7%）	448（6%）	493（6%）
GDP（10亿美元）	25816（29%）	11197（13%）	15593（18%）	24369（28%）
GDP增速（%）	5.2	2.2	2.3	2.4
出口额（10亿美元）	5481（29%）	2942（16%）	5815（31%）	2551（13%）
进口额（10亿美元）	4956（26%）	2851（15%）	5532（29%）	3498（18%）
外商直接投资（10亿美元）	364（24%）	276（18%）	388（25%）	329（21%）
对外直接投资（10亿美元）	441（34%）	368（28%）	424（32%）	212（16%）

数据来源：毕马威数据库整理。

注：1. 括号中为占全球的比例。2. GDP 增速为 2015—2019 年 GDP 增速，以各国购买力平价 GDP 数据加权平均。

二、RCEP：推动区域经济一体化的前景

在 RCEP 统一的贸易投资规则生效后，区域内资源配置效率、产业分工效率将进一步提高，区域产业链、供应链、价值链进一步深化发展，从而形成亚太经济一体化进程的重要驱动力。

1. 推动以自由贸易为基石的区域内产业链供应链价值链发展

（1）修复受到经济全球化逆潮和疫情冲击的区域产业链和供应链。RCEP 不仅降低成员国之间的关税水平，还规定了区域内的原产地累积规则。在确定产品原产资格时，允许将产品生产中所使用的 RCEP 其他成员国原产材料视为该产品生产国的原产材料，合并计算原产材料区域价值成分，使得最终产品更加容易达到设定的条件，取得原产资格从而

享受优惠关税。这有利于成员国降低享受关税优惠的门槛，有力促进区域内经贸合作，进而稳定和强化区域产业链供应链。

（2）完善和提升区域价值链。在 RCEP 签署前，2007—2017 年，RCEP 全球价值链参与度由 38.3%上升到 40.5%。2017 年，RCEP 成员国基于全球价值链的出口额为 1.6 万亿美元，区域内成员国基于价值链的出口额为 7800 亿美元，区域内价值链利用率达到 48.7%。RCEP 生效后，RCEP 投资和服务贸易的负面清单模式（部分国家服务贸易是过渡期后负面清单模式）中承诺的开放水平，对各方具有强有力的约束，明显提高了市场准入的确定性，有利于增强区域内投资信心，将进一步促进区域上下游价值链的融合发展。同时，各成员国可以充分发挥自身在自然资源、技术、资本、人力等生产要素上的比较优势，通过调整对外投资布局，优化资源配置，提高价值链分工效率，从而能进一步提升区域价值链利用率。

2. 形成以东盟为中心的、更紧密的区域多边合作框架

（1）以东盟为中心整合区域内自贸协定。全球自由贸易协定数量从 1990 年初的 20 多个增长到 2020 年的近 500 个，增长了几十倍，目前全球范围内涉及亚洲经济体的自由贸易协定数量已占全球总数的一半以上。RCEP 整合了东盟之前分别与中国、日本、韩国、澳大利亚、新西兰签署的“10+1”自贸协定，扩大 5 个“10+1”自贸区的能级，缓解区域内经贸规则碎片化，为形成覆盖领域更广、关系更牢固的区域多边合作框架提供了现实保障。

（2）以东盟为中心推动形成更紧密的合作关系。RCEP 成员国之间经济高度互补，通过采用区域累积的原产地规则，将促进区域内产业链供应链价值链分工深化；利用新技术推动海关便利化，将促进新型跨境

物流发展；采用负面清单推进投资自由化，提升投资政策透明度，将促进资源要素自由流动。这些都将促进区域内经贸规则的优化和整合，从而推动更加紧密的区域合作关系形成。

3. 通过 RCEP 与 CPTPP 等区域自由贸易协定的对接，推动亚太区域经济一体化

（1）推动 RCEP 与 CPTPP 的对接融合。RCEP 和 CPTPP 都是促进亚太经济一体化的重要载体。RCEP 成员国中的文莱、新加坡、马来西亚、越南、日本、澳大利亚和新西兰也是 CPTPP 的成员国，中国和韩国也已经表态积极考虑加入 CPTPP。未来如果实现 RCEP 与 CPTPP 的对接融合，亚洲将在世界经济版图中发挥更加重要的作用，这对区域和全球贸易与经济增长将带来更大利好。

（2）推动亚太成为全球贸易投资自由化规则和标准最高的地区之一。博鳌亚洲论坛 2021 年年会《亚洲经济前景及一体化进程 2021 年度报告》指出，亚洲的自由贸易协定呈现开放水平逐步提高、规则标准更加严格的大趋势。从市场准入水平来看，亚洲早期的自由贸易协定开放水平相对较低，一些协定的货物贸易零关税率甚至低于 90%；而新达成的协定趋向于选择 95%以上的货物贸易零关税，跨太平洋战略经济伙伴关系协定等自由贸易协定甚至能够达到 100%的零关税。未来，通过 RCEP 与 CPTPP 的对接，将把亚太地区贸易投资自由化规则和标准提升至更高水平，从而推动范围更广、程度更深的亚太地区经济一体化进程。

（3）推动亚太经济体从利益共同体走向命运共同体。RCEP 规定 15 个成员国中有 6 个东盟国家和 3 个非东盟国家批准即可生效。RCEP 生效后，预计未来 10~15 年，随着 RCEP 产业链、供应链、价值链整合的深度和广度加大，RCEP 成员国内部贸易占 RCEP 对外贸易的比重将由

目前的 40%左右提升至 50%左右的水平。更高水平的自由贸易将使亚太经济体之间经贸纽带更加紧密，更大促进亚太经济繁荣，进而推动亚太经济体由利益共同体走向命运共同体。

三、RCEP：共享中国双循环的市场红利

中国 14 亿人消费大市场潜力的释放与市场的开放将为 RCEP 带来重大利好，RCEP 将促进中国双循环新发展格局的形成。

1. RCEP 助推中国更高水平的对外开放

（1）货物贸易方面。中国与 RCEP 其他成员国之间贸易额占中国对外贸易额的 1/3。加入 WTO 使中国关税水平整体降低到 10%左右，加入 RCEP 使中国 1/3 的贸易进入零关税时代。通过 RCEP，中日首次建立了自贸关系，中日间零关税税目产品占比分别达到 86%和 88%。

（2）服务贸易方面。中国在 RCEP 服务贸易开放方面的承诺达到了已有自贸协定的最高水平，承诺服务部门数量在中国入世承诺约 100 个部门的基础上，新增了研发、管理咨询、制造业相关服务、空运等 22 个部门，并提高了金融、法律、建筑、海运等 37 个部门的承诺水平。

（3）投资方面。中国首次在自由贸易协定中纳入投资负面清单，对制造业、农业、林业、渔业、采矿业 5 个领域做出高水平自由化承诺，提升了投资政策透明度。中国以负面清单形式对非服务业的投资领域进行承诺，反映了中国国内改革成果，对完善国内准入前国民待遇加负面清单外商投资管理制度、扩大外商投资市场准入具有重要意义。

（4）知识产权保护方面。RCEP 知识产权章共包含 83 个条款和过渡期安排、技术援助 2 个附件，是 RCEP 中内容最多、篇幅最长的章节，

也是中国迄今已签署的自由贸易协定所纳入的内容最全面的知识产权章节。涵盖了著作权、商标、地理标志、专利、外观设计、遗传资源、传统知识和民间文艺、反不正当竞争、知识产权执法、合作、透明度、技术援助等广泛领域。既包括传统知识产权主要议题，也体现了知识产权保护发展的新趋势。

（5）电子商务、竞争政策、政府采购等方面。RCEP 包含的电子商务、竞争政策、政府采购等新型议题，都将有助于中国推进更高水平的制度型开放，加快与高标准国际经贸规则对接，构建更高水平的开放型经济新体制。例如，中国首次在符合中国法律法规的前提下，在自贸协定中纳入数据流动、信息存储等规定。

2. RCEP 成员国将分享全球最大的商品消费市场

（1）“十四五”中国将成为全球最大的商品消费市场。2020 年中国社会消费品零售总额相当于美国的 96%，预计 2025 年社会消费品零售总额有望达到 50 万亿元以上。目前，中国在不少单项领域的消费市场已达到全球第一：已经连续 8 年成为全球第一大网络零售市场；是全球最大的跨境电商消费市场；是全球最大的移动支付市场，移动支付规模连续三年居全球首位。

（2）中国 14 亿人的消费潜力释放，给扩大 RCEP 贸易投资带来巨大市场空间。截至 2020 年第三季度，中国与 RCEP 成员国间贸易占中国对外贸易总额的 32%，RCEP 的 14 个成员国对中国出口额为 6290 亿美元，中国对其他 14 个成员国出口额为 5550 亿美元。其中，东盟和中国间存在明显的贸易互补性，中国与东盟间的贸易投资将进一步扩大，进一步巩固双方互为第一大贸易伙伴的关系。

3. RCEP 成员国将分享中国服务贸易大市场

（1）中国将成为全球最大规模的服务业市场和服务型消费新增市场。中国将成为全球最大的服务业市场。中国是全球服务业增速最快的国家，2000—2019 年，中国服务业增长值 15.8%，是同期世界平均增速的 3.8 倍。从占比看，服务业增加值在全球服务业发展格局中有较快提升，2000—2019 年中国服务业增加值占世界比重由 2.1%上升到 12.7%，年均增长 0.56 个百分点。据统计，中国服务业年均名义增速按 11%、美国按 4.3%计算，到 2032 年中国服务业增加值将达到美国当年的水平。中国将成为全球最大规模的服务型消费市场。未来 5~15 年，中国 14 亿人服务型消费的提升对全球市场将产生重要影响。

（2）中国将成为全球最大规模的服务贸易国。2010—2019 年中国服务贸易额年均增长 8.7%，是美国服务贸易年均增速的 2 倍以上。考虑到服务型消费增长空间、服务市场开放空间等因素，未来中国的服务贸易有条件实现年均 8%左右的增速，到 2035 年中国服务贸易额有望达到 2.7 万亿美元，占全球服务贸易比重达到 12%。

（3）RCEP 成员国将分享中国服务贸易大市场的红利。一是服务贸易是中国与 RCEP 成员国间贸易投资的重要增长点。在 14 亿人消费升级和服务消费释放的大趋势下，中国在 RCEP 服务贸易领域所做出的开放承诺，将推动中国与 RCEP 其他成员间服务贸易增长。二是中国与 RCEP 货物贸易链相关的服务业需求会进一步增长。例如，服务于货物贸易的仓储、运输、金融结算、保险、融资等服务贸易需求将进一步增长，这些服务贸易也将带动货物贸易增长，货物贸易和服务贸易相互融合、相互促进。三是 RCEP 其他成员国将先行分享中国巨大的数字贸易市场。例如，中国与 RCEP 其他成员国间在跨境电商、互联网金融、在线办公、在线教育、在线医疗等服务贸易有望实现更快增长。特别值得一提的是，中国与东盟服务贸易合作的互补性强、潜力大。近 20 年来，除受到 2008 年国际金融危机和 2020 年新冠肺炎疫情冲击外，中国与东盟的服务贸易进出口总额都以高于 20%的速度增长。自 2020 年以来，中国与东盟已经互为彼此的货物贸易第一大伙伴，RCEP 生效后双方货物贸易的增长将带动新的服务业和服务贸易增长，将使东盟更快更多分享中国服务贸易大市场。

第三篇

RCEP与亚洲经济新未来

对未来中国-东盟关系的三点建议

王　超　中国人民外交学会会长

2021 年是中国-东盟建立对话关系 30 周年。30 年来，中国与东盟国家坚持相互尊重、合作共赢，双边关系取得里程碑式成果。我们坚持守望相助、包容互鉴，共同致力于地区和平稳定和国家发展繁荣，携手应对疫情及其不利影响，诠释了患难与共的兄弟情谊和命运共同体精神。中国与东盟关系之所以能够取得成功，关键在于双方坚持增进互信、协调合作、共谋繁荣。未来 30 年，中方愿与东盟一道努力，认真落实领导人重大共识，进一步巩固提升政治互信，深化拓展抗疫和经济复苏合作，朝着构建更为紧密的命运共同体迈出新步伐，更好维护地区和平稳定和发展繁荣，造福双方国家和人民。

当今世界正处于百年未有之大变局，中国-东盟关系也进入了新阶段。中国视东盟为维护地区和平稳定的重要力量，坚定不移支持东盟团结和东盟共同体建设，坚定不移支持东盟在区域架构中的中心地位，坚定不移支持东盟在地区和国际事务中发挥更大作用。

对于未来的中国-东盟关系，现提出三点建议：

一是聚焦和平发展，坚持团结协作。多元包容是亚洲文化的共同基因。我们都主张要团结不要分裂，要合作不要对抗，要稳定不要冲突。毋庸讳言，中国近些年的快速发展引起了个别国家的焦虑和担忧，这些焦虑完全可以通过对话交流加以疏解。但事与愿违，随着疫情危机叠加百年变局，一些国家力图拉拢东盟国家拼凑对华包围圈，直接导致地区局势紧张，这也冲击了东盟团结，破坏东盟的中心地位，直接威胁东盟地区的稳定和安全。各国唯有着眼本国和本地区人民的根本利益和福祉，凝聚共识，加强团结，才能保持本地区的良好发展势头，开辟本地区更好的未来。

二是聚焦增进互信，坚持真诚沟通。中国与东盟各国都拥有悠久的历史和文化，都主张互利共赢，不信奉弱肉强食的西方丛林法则。这是我们共同的宝贵财富。我们都承认各国文化传统、价值观念、发展理念等方面的差异，主张各国取长补短、相互借鉴，通过对话协商，妥善处理彼此间的矛盾和分歧。东盟自成立以来也是以这样的方式解决自身内部矛盾的。我们对此表示赞赏，也坚信中国-东盟能通过这样的方式解决彼此间的问题。中国绝不寻求霸权，更不会以大欺小，将永远是东盟的好邻居、好朋友、好伙伴。

三是聚焦互利共赢，坚持落实好地区合作议程。我们要积极对接“一带一路”倡议和东盟国家发展战略，用好 RCEP 生效机遇。我们要坚持发展优先，推进减贫、抗疫和疫苗、发展筹资、公共卫生、生物多样性保护、粮食安全、绿色转型、科技创新、互联互通等领域的合作，促进地区发展更加平衡。

自成立之初，东盟就秉持“开放、透明和包容”的原则不断推进共同体建设，通过主导区域合作机制，为大国在东盟机制框架下发挥作用创造了空间。今天，东盟已日益成为东南亚地区以经济合作为基础的政治、经济、安全一体化合作组织，为包括中国在内的东亚各国提供了人口、市场、资源和巨大发展空间，也为世界经济发展注入了新的动力。

近年来，中国让 8 亿多人彻底摆脱绝对贫困，建立了世界规模最大的社会保障体系和全民医疗保障网。中国把就业作为最大的民生，每年新增就业连续 15 年保持在 1000 万人以上，相当于每年增加一个中等国家的全部人口。预计未来 15 年，中国每年进口商品和服务约 2.5 万亿美元，到 2035 年将有 8 亿人迈进中等收入群体，中国高水平开放将为中国与东南亚国家带来更多合作机会。

希望有更多学者为推动中国-东盟关系进一步发展建言献策，通过发挥东方智慧，形成智库合力，凝聚合作共识，共促中国-东盟政策沟通、设施联通、贸易畅通、资金融通、民心相通，共同宣传双边关系发展成就，在彼此国内营造支持双边关系发展的良好舆论环境。

RCEP 对亚洲发展的三大影响

阿塔育·习萨目　泰国驻华大使

2020年11月签署的RCEP，是朝着15个国家间货物服务贸易和投资更无缝地连接迈出了重要的一步，RCEP成员国GDP占全球的30%左右。对于RCEP的签署，泰国很自豪，因为泰国在2019年担任东盟轮值主席国期间发挥了重要作用，并且推动RCEP谈判取得实质性成果。当然，正如李克强总理所说，RCEP谈判持续了8年。在泰国担任东盟轮值主席国时期，李克强总理参加了当年的东盟峰会，我们共同讨论了RCEP一些实质性方案。在峰会前一天的宴请中，我们和RCEP谈判代表团讨论，第二天进行了RCEP的可持续的以及实质性的讨论，这是谈判进程当中一个非常重要的事件，它实现了谈判的快速发展。

我从三个方面分享RCEP在亚洲方面的一些重要作用。

第一，RCEP将成为亚太地区更多贸易和投资的加速器。从东盟自贸区对十个东盟国家带来的影响看。过去20年，东盟GDP从2000年的0.6万亿美元增长到2010年的1.9万亿美元，到2020年进一步增长到了3.2万亿美元。过去10年，东盟市场一直是每个东盟国家最大的贸易伙伴，同时也是每个东盟国家最大的投资来源地之一。

目前，RCEP各国外商直接投资存量占全球外商直接投资存量的

16%。更为重要的是，RCEP将取消61%的东盟出口商品、56%的中国出口商品、49%的韩国出口商品关税，减少非关税壁垒，这将会使成员国彼此获得更加优惠的市场准入，并且最大限度地发挥该区域包括“一带一路”倡议在内的互联互通的潜力。

RCEP将在疫后复苏中加强区域供应链。可以说，RCEP不仅对企业，而且对消费者、农民、银行家，特别是对未来的一代是非常重要的。随着RCEP的实施，将给各地区带来更多的对外投资，特别是在全球新冠肺炎疫情的影响下，这将有助于减少疫情对该地区经济的影响。我们相信RCEP可以成为经济复苏的一个工具，并且能够有助于市场开放和供应链不间断地发展。

2021年4月25日，RCEP各成员国贸促机构和商协会商讨在青岛共同发起《关于共同推进RCEP区域经贸合作青岛倡议》，进一步确定了中国对实施RCEP的承诺。与中国一样，泰国非常重视多边主义，将确保开放、透明和可预测的环境，创造全球经济增长和繁荣。

第二，RCEP将改变区域和全球投资者的运作方式。大多数自贸区都是由志同道合、发展水平相同、模式相同的经济体建立的，如欧盟、北美自由贸易区等。RCEP不仅拥有最多的人口，而且由于RCEP成员国中既有工业国也有农业国，RCEP将会成为吸引投资者的主要吸引力。目前这些投资者因为中国、日本的房地产和就业成本上升，或者澳大利亚、新西兰、东盟市场的退缩，考虑转移投资方向。现在泰国也在试水，在大城府有工厂和总部，不仅拥有出口导向型的经济，还拥有依托国内大市场的经济，或者可以推进该地区低碳可持续增长，生态和增长可以“两全其美”。

RCEP将促进东北亚的贸易。中国、日本、韩国是世界上最大的经济体之一，这些超级大国之间目前还没有建立自由贸易区。东亚和东北亚GDP、贸易、人口分别约占全球的26%、21%、24%，但是亚洲东北部目前没有强大的政府间平台来引导次区域的合作，亚洲东北部的次区域内贸易成本高于东盟次区域内贸易成本。RCEP将有助于降低这些较高的成本，RCEP将和这些国家启用改善贸易便利化的措施。我们可以想象一下，欧盟自贸区对欧洲这些小国带来了什么样的利益，RCEP会对东南亚带来什么样的影响。同时，我们也可以想象RCEP会对东北亚带来什么样的机会。除了贸易之外，RCEP会在东北亚地区实现更多的合作，开辟合作渠道，实现持续的投资，带来更多的合作伙伴。

我相信RCEP将会促进15个成员国和其他国家之间的自贸区，如英国、德国、蒙古、俄罗斯，甚至印度。现在的首要任务是要推动RCEP生效，这一方面需要相关国家加快核准进程，另一方面需要包括泰国在内的每个国家进行法规、条规的调整和完善。

第三，一些企业和部门也许会面临更大的竞争，要确保公司、投资者了解RCEP可能带来的潜在机遇。比如说服务业可能会面临更大的竞争，因此必须建立一种支持企业适应和增强竞争力的机制。更为重要的是，我们要确保公司、投资者了解RCEP可能带来的潜在机遇。这样就可以增强协定的受益，确保形成开放、透明、公平可预测的环境，以促进区域的经济繁荣。

在数字化时代，媒体可以发挥重要的作用，推动公众增强对RCEP的认同，鼓励公司和投资者更多了解RCEP的协定细节，从而最大限度发挥RCEP的作用，成为RCEP的一个重大推动力。政府和媒体之间也必须相互努力，以增强RCEP对人民的影响，这包括建设性地利用媒体力量进行信息的交流，就RCEP最新进展给公众提供最全面的信息。今天我们会把大多数的时间花在网络和智能手机上，通过网络平台阅读新闻，所以有效的沟通可以使RCEP的利益最大化。特别是在社交媒体和数字平台当中，企业、相关的利益方和公众要有批判性地分析 RCEP 能够带来哪些变化和机遇的能力，这需要媒体的努力，以一种简化的方式给公众引导。

RCEP 全面推进亚太经济合作

苏　格　中国国际问题研究院前院长

2022 年 1 月 1 日，RCEP 正式生效，亚太地区经济全面发展迎来时代的机遇。

一、“先谋于局”：从“两个大局”角度审视 RCEP

第一，结合世界大变局的内涵与外延来审视 RCEP。世界正经历百年未有之大变局：一是全球化在曲折中前行；二是世界经济格局转换（新兴经济体和发展中国家群体性崛起）；三是多极化进程不断深化（国际政治重心转移）；四是全球治理体系与规则调整；五是科技发展促使社会变化等。

RCEP 的建立，顺应全球化、多极化的历史大势，是世界经济格局调整变化的体现，也是全球治理进程与规则调整的实践。

第二，从中华民族百年复兴全局中定位和运筹 RCEP。中国正前所未有地接近实现中华民族伟大复兴的目标，前所未有地走近世界舞台的中央，中国与世界的关系也在发生前所未有的重大变化。何谓“国之大者”？国家富强、民族复兴、人民幸福。中国对外的关系定位，就是服务于实现中华民族伟大复兴和中国人民对美好幸福生活的向往。

中国加入 RCEP，同时积极考虑加入 CPTPP。继续深化改革与对外开放，符合中华民族伟大复兴战略全局和历史方向。

二、RCEP 与世纪疫情后经济复苏

新冠肺炎疫情突如其来，使世界经济某些领域风险凸显，对国际社会已有变化产生着巨大冲击，深刻影响国际秩序的调整，并重创全球供应链、产业链、价值链。疫情肆虐，加之霸权主义、单边主义等人为因素，给世界带来几个“前所未有”：各国人民的生命健康受到前所未有的威胁；全球经济陷入前所未有的衰退；国际稳定遭受前所未有的挑战。

在不确定性增多的国际背景下，对形势的走向须有清醒的正确认识和准确的战略判断。继“二战”后美苏两极格局、20 世纪 80 年代末“冷战”后一超格局之后，新冠肺炎疫情可能成为又一重塑国际多极格局的“分水岭”。但是，无论国际舞台如何风云变幻，人类社会相互依存、命运与共的本质属性不会改变，经济发展的基本要素、客观规律和趋势等也难以因为一次疫情就全然改变。

环球同此凉热。此次疫情的深刻启示是：在全球化时代，地球村各成员命运相连、休戚相关，同舟共济、相向而行，是国际社会唯一正确的选择。当前，亟须双管齐下，坚持在常态化疫情防控中加快生产生活秩序的全面恢复，维护全球产业链供应链的稳定顺畅与安全运营，积极推动各方加强宏观经济政策协调，促进贸易投资自由化便利化，实现经济社会更加平衡和可持续发展。

后疫情时代全球经济会朝何处发展？全球化的方向到底是开放还是封闭，是单边主义还是多边主义，是合作还是对抗，国际社会面临着重大的抉择。

RCEP 的建立是一个标志性事件，在国际上发出反对单边主义和贸易保护主义、支持自由贸易和维护多边贸易体制的积极信号，其机制和制度性设计，有望为疫后亚太地区经济复苏带来全面推进。

三、把握全球经济发展方向，全面推进亚太经济合作

就区域合作格局而言，疫情之后，全球贸易产业集群和产业链有望发生巨大变化：从前北美、欧盟、东北亚贸易圈三分天下，未来中日韩、中国-东盟在新常态下的经济合作有可能领跑并催生新的国际和区域贸易格局。

RCEP 正式生效，亚太地区经济迎来历史新机遇。在全球贸易自由化、便利化很难有新突破的背景下，区域之间达成贸易协定，还有望形成世界经济新的增长亮点。

RCEP 的生效实施是重大利好消息：其将为全球经济和区域经济催生新机遇并注入新动能。例如，据中国海关总署统计，仅在 RCEP 生效首日，我国出口企业申领原产地证书和开具原产地声明达 500 余份，全国海关共验放协定项下的进出口货物货值超 2 亿元。

就货物贸易而言，RCEP 生效后，可使各成员经济体 90% 以上的货物贸易将最终以零关税进入彼此市场。就投资领域而言，RCEP 各成员国对非服务业投资以负面清单方式做出高质量承诺，同时通过可行措施加强了投资保护。RCEP 还将为区域服务贸易和电子商务等带来新的机遇。当然，区域成员享有新机遇的同时，也须做好准备以迎接和应对新的挑战。

RCEP 框架可进一步加强国际规则的制定与实施。RCEP 将推动域内经济要素自由流动，稳定并强化成员间生产分工合作。该组织合作协议

包含原产地累积规则。按此规则，为获得零关税待遇，各成员经济体和跨国企业有望将更多生产环节布局在区域之内。这将有助于加强区域内生产链、价值链重组，促进多边合作顺畅与经济可持续发展。RCEP 还将以新理念和新技术推动海关便利化，这将直接降低双边贸易成本，促进跨境物流发展和新经济格局的形成。

中国构建新发展格局，RCEP 生效将为此提供有力支撑。RCEP 成员国目前有 23 亿人口（约占全球的 29.7%），经济体量超过 25 万亿美元，中国经济体量占其中将近 60%，中国同 RCEP 成员国贸易额占中国国际贸易总额的三分之一左右。中国“十四五”规划中涵盖自贸区提升战略，RCEP 生效意义重大，可视为此战略成功实施的首个里程碑。

RCEP 实施将为中国和东盟经济增长注入新的动力。中国历来重视同东盟的友好合作关系，将之视为周边外交的优先方向。30 年来，中国-东盟合作取得重大成就，得益于双方地缘相近、人文相通等得天独厚的条件。鉴于“一带一路”倡议和 RCEP 的重叠区域主要是东盟，中国又视东盟为高质量共建“一带一路”的重要合作伙伴。中国和东盟分别是拥有 14 亿和 6 亿多人口的大市场，2010 年中国-东盟已全面建成自由贸易区。现在 RCEP 将全球最有增长潜力的两个市场紧密连接在一起，将有助中国-东盟产业链和供应链的进一步对接与延伸，促进双向投资合作的深化与蓬勃发展。

中韩自贸协定已于 2015 年 6 月 1 日正式签署，为两国经济发展和货物贸易提供了制度保障。RCEP 正式启动后，中日之间将首次形成零关税自贸安排。中日韩三国迎来了促进贸易自由化和经济增长的重要机遇。今后，三国智库和有关部门可加强沟通、创新思路，争取实现中日韩自贸区谈判的最终突破。宜深入研究中国“一带一路”倡议、日本“高质量基础设施计划”和韩国“新南方政策”的相互对接，落实双边和三边多赢合作，同时也带动区域经济一体化进程健康稳定向前发展。

RCEP 正式启动，给亚太地区带来和平发展合作共赢的信心。放眼世界，疫情终将过去，胜利必将到来。只要国际社会齐心协力，摒弃意识形态偏见，凝聚团结合作共识，推动全球化朝着更加开放、包容、普惠、平衡、共赢的方向发展，人类一定能够经受住这次疫情带来的考验与洗礼，共建人类命运共同体的实践也必将迈出新的步伐。

RCEP框架下，以科技合作促进经济合作发展

薛 澜 清华大学苏世民书院院长

在RCEP框架下，如何通过经济合作促进科技合作，是一个需要考虑的重要问题。近期，我们正在开展一个具体的实证研究，即中国与“一带一路”沿线国家和地区的科技合作，这个研究对发挥RCEP平台的作用很有启发。RCEP是一个自由贸易的平台，但是怎么样能够拓展它的概念，尤其在科技方面拓展，我认为“一带一路”的相关实践给我们提供了一个可以参考的借鉴。

RCEP对于经济全球化是一个重要推进力量，我们对它有很高的期待。但是大家也知道，在第四次工业革命的时代背景下，科技创新对经济的发展是至关重要的。所以，我们特别希望RCEP不光是一个贸易的平台，同时也应该是一个推动知识、人才交流的平台。“一带一路”倡议从一开始提出来的时候，中国政府就非常重视怎么样利用这个倡议来促进科技和创新的合作。2016年，中央政府提出了推进“一带一路”国家科技创新合作的规划，提出了五项主要的任务：一是加强科技和文化方面的交流；二是构建技术商业化的平台；三是构建科技的基础设施，使得科技资源得到更好的应用；四是开发更多的通用技术；五是加强科技合作。

从科技方面的实际情况来看，“一带一路”倡议提出以后，中国各

个方面的科技机构积极参与，参与的方式主要有四类方式：第一类是跟“一带一路”沿线国家的高校、研究机构、企业共建实验室。例如，中科院在泰国跟泰国的科研机构建立了科技创新中心，这样的机构现在有上百个。第二类是设立奖学金鼓励学者、学生之间的交换，鼓励“一带一路”沿线国家的学生到中国，同时也鼓励中国的学生到其他国家，并鼓励学者之间的交换。教育部有个数据，几年前中国国家的奖学金获得者有61%来自“一带一路”沿线国家。第三类是通过联合资助研究，例如专门建立了BRI研究项目，支持了很多相关的项目。第四类是构建各种合作的平台，例如中科院建设数字“一带一路”。

这些推进“一带一路”国家科技合作的努力产生了什么效果？我们从联合发表论文和互引论文作为指标来进行分析。我们观察的对象首先是中国的学者跟BRI国家学者的合作论文。其次是BRI国家引用这些合作论文的频次。再次是看“一带一路”沿线国家学者引用中国学者论文的情况，我们讲这也是更“纯”的知识扩散。从数据来看，跟中国合作最多的“一带一路”沿线国家是新加坡，还有俄罗斯、沙特等，和马来西亚的合作也很多。最后是评估“一带一路”倡议的政策影响。大家可以看到“一带一路”倡议政策的宣布前后影响巨大，有非常显著的效果。此外，我们也分析了国家间贸易对科技合作的影响，可以看出贸易作为中间变量还是有推进作用的。总体来看，“一带一路”倡议的宣布和执行促进了中国与“一带一路”沿线国家科技合作。

在第四次工业革命的大背景下，科技创新能力的提高非常重要，尤其是对国家经济社会发展非常重要。经济上的合作可以推进更好的科技合作，我们希望科技合作可以反哺经济合作。特别希望在未来RCEP的政策议程上，能够把科技合作也作为一个重要的议题。

中国-东盟合作以及中国-越南合作潜力

阮辉煌　越南社会科学院东南亚研究所所长

RCEP 是一个贸易合作机制，包括了 10 个东盟国家和 5 个伙伴。RCEP 由不同发展水平的经济体以及不同的社会和经济制度组成，在新冠肺炎疫情大流行以及逆全球化的挑战之下，我们有望通过促进自由贸易来推动新一轮的经济全球化。一方面，RCEP 对于人员、资金、商品、服务的流通来说非常重要，这对中国来说也有很多机遇，对于 RCEP 成员国来说应该乘势而上。RCEP 对于本地区的供应链和产业链的布局，都有重要的影响。另一方面，东盟也提供了制度性的保障，RCEP 对于东南亚的发展、东南亚的经济贸易和投资，与亚洲地区的区域一体化都有着非常重要的作用。

每个优惠的贸易协定都会有自身的关税减免清单和原产地规则。所以，对于每个优惠贸易协定来说，它有确定产品原产国不同的必要标准，有不同的关税减免水平，以及遵守不同原产地规则的产品。随着 RCEP 的实施，该地区 90%的产品将享受零关税，中国承诺 86%~90%的商品将对东盟十国和澳大利亚、新西兰全面开放，这将有利于东盟国家和澳大利亚、新西兰的贸易自由化。RCEP 与本地区其他自由贸易协定是相辅相成、相互促进的，RCEP 为其他自由贸易协定不适用的商品提供关税减免，反之亦然。它采取原产地累积规则，与大多数自由贸易协定使用的规则不同。它在通关检验检疫技术标准等方面都达成了高水平的贸易便利化规则，这些规定生效后，该协议将显著降低本地区的贸易成本，提高本地区产品的竞争力，并且进一步开拓贸易需求，从而为企业带来更多商机，为客户带来更多的选择和利益。这对于消费者来说，也是大有好处的。

因此，RCEP 有助于促进东盟与中国之间的经贸关系，尤其是越南与中国之间的经贸关系，越南将会从 RCEP 中受益良多。东盟国家从扩大共同原产地规则、简化海关程序，以及促进与企业进行更加公平、透明、可预测的贸易都会受益于 RCEP，这将体现在东盟企业特别是中小企业的贸易交易成本和时间的大幅减少上，所以对于东盟企业和中小企业来说，都会有更大的机会融入全球供应链。

中国的市场非常巨大，RCEP 也将有助于东盟和中国加紧努力恢复双方之间的经济活动和贸易，从而促进后疫情时代经济的全面复苏。越南应该与东盟国家和中国一道，加强政治对话、经济往来，增进信任和尊重，促进全面合作和相互了解，让双边关系稳定可持续。中国和越南的合作，以及中国和东盟各国的合作，将得到进一步深化。尽管我们彼此之间存在差异和分歧，但是随着 RCEP 的生效，它将进一步促进全面合作、共同发展，实现共同繁荣。RCEP 在自贸协定签订领域中是一个非常重要的里程碑事件，它将为中国和东盟的合作带来更多的务实成果。

发挥 RCEP 重要作用，促进东亚经济一体化

霍建国　中国世界贸易组织研究会副会长

当前形势下研究 RCEP 是一个非常迫切的问题。我主要对两个方面的问题进行论述：一是如何更好发挥 RCEP 的作用并扩大其在全球的影响力；二是如何进一步促进东亚经济一体化的发展。

一、如何更好发挥 RCEP 的作用并扩大其在全球的影响力

第一，RCEP 已于 2021 年正式启动，对它启动的作用、意义、影响，外界探讨得比较多，但是我觉得当前的关键问题是，要聚精会神地把它做深、做实。也就是说，把 RCEP 对贸易投资带来的一些积极的促进功能转变成贸易投资发展的实质性内容。这方面涉及政府的组织推动问题。中国政府十分重视，早在 2021 年国务院就召开了三次会议部署落实 RCEP 的有关工作，包括国内法律法规的对接以及对企业的普及、培训，这方面我们已经做了大量的前期工作。现在看来，企业应该更加关注货物贸易的降税安排，因为 RCEP 第一年货物贸易降税比例还是比较高的，很多国家都是按照 30% 的降税比例执行的，需要企业把握好第一年降税的产品清单，做好对接，做好扩大出口或者是安排进口的准备，这样就能够使得 2022 年的贸易产生一个比较好的溢出效应。

第二，在关注降税的同时不要放弃投资的机会。因为RCEP地区，包括东亚地区整个的产业链、供应链的合作基础是非常好的，利用RCEP，特别是原产地累积规则，有利于生产的相互融合投资或者是中间品的一些生产安排，对于促进物流配送、商贸的投资都是有积极作用的。

企业在关注进出口货物贸易的同时，应该更加关注区域内的投资发展。中国现在也在积极促进电子商务的发展，电子商务海外仓、海外物流体系的建设是很关键的一环，个人认为在东亚地区推进贸易投资合作是非常有益的。

第三，要进一步推动区域内政策的协调性。现在区域内政策的一致性和协调性差距还是比较大的，协定原则上解决了部分领域的规则一致性要求，但是在具体政策的对接上还不够。中国需要进一步扩大开放或者推进高水平的开放，以利于跟东南亚有效地对接。其他国家也有义务制定一个更高标准的开放安排政策，大家共同努力，才会有积极的效果。

二、如何进一步促进东亚经济一体化的发展

现在谈论东亚经济一体化的话题很多，甚至很多人提出了货币一体化的问题，其中有的人还提出了人民币国际化。我认为，关于东亚经济一体化，要清楚地认识到它是一个渐进的过程，现在我们只能说RCEP的启动为促进东亚经济一体化构建了一个良好的开端。那么能不能实现东亚经济一体化，关键取决于贸易投资规模和它的融合度。如果在一个区域内贸易投资经济的相互依赖性很高，那么客观上就需要我们更努力地去推进一体化的进程。

一方面，从国际全球范围看，东亚产业链、供应链的影响力是非常大的。如果它能在产业链、供应链上进一步巩固提升，从而确实做到了

全球最具影响力的生产基地或者是供应基地，这样的话内部自然会产生更强烈的一体化需求。如果说各国下一步的发展已经从中各自受益，一体化有利于带来更大的经济效益，我想我们会选择更加积极地推进一体化进程。目前一体化的难度还是很大的，但东亚地区由于有一些相似的文化背景、历史渊源以及相互接触的便利，它还是具备很好基础的，但是要进一步向前推进。

我的主要观点是，一方面，要把 RCEP 充分利用好，让它发挥一个基础的效应，比如贸易的溢出效应和乘数效应会带来经济效应的最大化，各国都会从中受益，各成员国会更加主动地为企业提供便利；反过来讲，企业需要更加注重研究 RCEP。企业不了解第一年降税的内容，不了解已发生的政策变化，就无法利用这个协议去进一步拓展企业的对外贸易和投资。另一方面，中国自身也要进一步地体现更高的开放水平，特别是在投资领域，要进一步地实行宽松政策或者适当放开。因为我们不单单是说生产性投资问题，它还关系到很多物流配送方面的投资，它和贸易是相关的，如果这个问题不解决，反过来会阻碍我们充分地扩大 RCEP 的效应。

RCEP 面临的挑战和机遇

帕拉格·康纳　新加坡全球战略咨询公司 Future Map 创始人

亚洲是一个非常重要的区域集团，通过亚洲的繁荣、亚洲的文明以及相互的影响，使其在美国、欧盟以及整个区域的发展当中受益。当前，亚洲以外出现了很多多元化的倾向，在全球化的框架下，我们看到了很多脱钩及极端主义、保护主义、民粹主义的思潮。因此，我认为要提出一种大陆性的概念。就是在疫情的影响下，在这个时期以及未来我们实现区域主义的可能性。

区域主义，即我们要利用成员国的力量，在 RCEP 签署以后，相互需要、相互依存。2008 年的世界金融危机，我们也采取了相应的措施应对。比如，美国、加拿大、墨西哥签署了三方协议。再比如，欧盟的关税同盟已经有了几十年的历史，现在北美、亚洲、欧洲都在采取相应的措施来促进本地区的经济一体化。不是说这三个区域就已经成为三个集团，而是说他们的互动很多，之间的依存度也是相当深厚的。同时，它能够促进全球的经济繁荣，面对现在国际体系所面临的问题，包括亚太地区的问题，中国都发挥着重要的作用。中国在 RCEP 的谈判过程特别是早期阶段发挥着重要的作用，因为在整个亚洲区域，大家过去对自由贸易协定有不同看法。在过去 30 年的时间里，亚洲已经取得了巨大的进展，它能够实现内部的繁荣和互联互通。过去的互联互通是通过殖民主义的方式实现，现在的互联互通则不然，亚洲区域内的贸易为成员国总体贸易的60%左右，所以这是一个很了不起的进步。可以说，部分恢复了亚洲在传统历史中的地位。这个进程将会不断持续，RCEP 等一系列区域合作机制将发挥重要作用，以此形成一个大循环。比如大型基础设施项目，有些是和亚投行有关，有些是和“一带一路”有关，有些是和其他的多边机构有关。

亚洲的资源是非常丰富的，包括大中华区域，包括东南亚和东亚。我预计印度会重返 RCEP。另外西亚的海湾合作组织，主要是以阿联酋和沙特为核心的，他们对亚洲其他国家的贸易是对欧洲贸易的 3 倍，这与 21 世纪早些阶段和殖民主义时代是不一样的。当然，中国在亚洲很多区域，包括西亚地区进行了投资。我认为，相关的机制、相关的制度、相关的投资，应该关注于整个亚洲的区域，甚至包括俄罗斯远东的区域，还有土耳其的大部分地区。现在中国对欧洲的贸易已经超过对美国的贸易了，中国对其他亚洲国家的贸易也会增加，比如东盟已经成为中国最大的贸易伙伴。自从“二战”之后东亚一直是世界经济主要的推动力。第一波浪潮是日本，日本在战后经济快速发展，第二波浪潮是“亚洲四小龙”，“亚洲四小龙”和日本这两波浪潮之后又出现了中国的第三波浪潮，中国成为第三波浪潮的参与者和受益者。现在我们又看到第四波浪潮，即南亚和东南亚国家，从巴基斯坦到东亚和东南亚的国家，这十几个国家的总人口达到了 25 亿之多，这些亚洲国家的人口都是相对年轻的。RCEP 签署之后，我们需要关注的是每一波浪潮并不是和前后浪潮在进行竞争，而是进一步推动它的发展，包括“亚洲四小龙”对日本的助力、“亚洲四小龙”和中国的相互促进。所以，从许多方面来说，这些国家彼此之间都是最大的贸易伙伴或者是投资伙伴，亚洲的繁荣是大家相互促进形成的，同时它也成为整个区域体系一个非常重要的基础。

最后，我认为各种倡议之间的互补是非常重要的。这些倡议应该是相互促进的，在标准上相互补充，最后达成协调一致。另外，贸易协议也包括一些投资方面的内容，要更加重视投资的重要性。贸易不是自身出现的，它需要互补性，需要投资来促进贸易的发展，我们必须要有更多的投资，还要重视贸易投资协定和基础设施之间相互弥补的关系以及人和资本移动性的关系。我们要相互学习，这会促进彼此之间的信任，对于 RCEP 是非常重要的。

RCEP生效后的两点建议

黄 达 东盟-中国工商总会副会长

谈论RCEP生效的议题，有两点我认为非常重要，需要我们加强思考：一是地缘政治；二是商业法和跨境贸易。

第一，地缘政治。大家都知道，RCEP 15个成员国共有22.7亿人口，并要成为一个经济共同体。东盟在双边关系方面和中国最紧密，600年前我们就开始了移民，而在亚洲，中国是经济的引擎，同时在RCEP的结合体中，中国也将发挥重要的作用。中国的祖先在600年前就已经远渡重洋到东盟国家，所以要使中国能够更方便地和东盟开展贸易，发挥地理就近的优势，可以通过RCEP、人文交流等更好地开发中国与东盟的贸易。中国可以很好地从RCEP中获益，同时可以利用其技术，包括IP技术等，东盟也可以更好地进入中国市场并开拓中国的消费市场，这是双方未来一个很好的方向。

在新冠肺炎疫情暴发之前，中国大力拓展“一带一路”倡议，大力开展基础设施建设；在新冠肺炎疫情暴发之后，中国也把大量的产品和服务出口到各个国家。在这样一个背景下，我们谈中国-东盟国家之间的关系都是非常好的。我们有很和谐友好的关系，没有政治上的分歧和争端。我们要避免各种政治争端，不然我们整个发展就会受到阻碍，所以我们必须要有很深的联系。

东盟未来还有很大的发展潜力。目前东盟有6亿人，而欧盟只有4.4亿人，东盟确实需要中国作为一个强大的推动器来推动它的发展，取得更高的经济发展速度。

第二，商业法和跨境贸易。RCEP在推进的过程中有日本、韩国、澳大利亚、新西兰参与。由于观念、文化的不同，还有历史上的冲突等，这个过程花了很长时间来完成。

RCEP是全球最大的区域性自由贸易协定。随着商业的发展，我们将看到很多公司在跨境贸易会遭遇到一些困难。所以中国-东盟、东盟国家之间的公司做生意都涉及跨境的商业问题，必须非常谨慎，要仔细地做好功课，很好地了解对方的商业法，特别是《公司法》，还包括政府政策、税务政策、员工福利、工作文化、当地员工的习惯、保护版权、知识产权的转让等。

总的来说，虽然有很多的困难，但是如果以上问题都能很好得到解决，一体化就会变得容易得多，整个进程会更加顺利。

在疫情之前，中国把发展市场放在全世界的舞台上，但是在疫情之后，我们预测全世界将会把发展市场放在中国，尤其疫情会使得市场有很大的颠覆，市场的脚步、舞台都会相应转移。

RCEP 对马来西亚的利好和下一步建议

施志光　马来西亚驻华大使馆经济公使

2020 年 11 月签署的 RCEP，对于区域经济贸易和投资合作以及 15 个成员国之间的一体化而言，是一个重要的里程碑，RCEP 的签署也是新冠肺炎疫情时期取得的重要里程碑之一。RCEP 生效，15 个成员国的 GDP 总计超过 25 万亿美元，约占世界 GDP 的 30%。

对于马来西亚而言，RCEP 生效，马来西亚的 GDP 预计在未来 10 年将会增长 1%，或者未来 10 年每年都增长 16 亿左右。在贸易方面，未来 10 年内，马来西亚对 RCEP 市场的出口有望每年增加 200 亿，区域生产一体化进程加快，将进一步促进整体贸易活动。就商业而言，RCEP 可以让马来西亚享受优惠的市场准入条件和轻易接触世界 1/3 人口的庞大市场，也可以使马来西亚以有竞争力的价格实现区域内原材料采购协定中的累积规则，这将促进优势成本效益的资源投入，同时也支持享有优惠的关税待遇，这也将会促进 RCEP 区域内商业资源快速有效地融入全球供应链。企业家可拥有最终业务决策权，因为 RCEP 强调的重点之一就是提升法律和政策方面更高的透明度，成员国间的信息共享以及相互认可的国际标准和技术法规。

马来西亚超过 90%的企业都是中小企业，协定中专门有一章是关于中小企业的，促进这些信息的共享可促进区域思维的形成，帮助理解各个成员国提供的报告、技能提升以及不同的优惠政策。除此之外，技术经济合作为实现发展制定了框架，旨在缩小发展差距，并且使成员国间的互利最大化，从而为马来西亚中小企业提供了能力塑造和技术援助平台。

协定中还有一章是关于电子商务的内容，这将会进一步增进消费者的信任，提升中小企业参与电子商务的能力，确保充分的数据保护和安全，进而提高投资者对该地区包括马来西亚的投资信心。我相信新冠肺炎疫情后期，RCEP 成员国间的贸易将持续增长，并且有望随着 RCEP 的实施而更快地增长。2020 年，马中双向贸易额 1311.6 亿美元，同比增长 5.7%。2021 年前 4 个月，双向贸易额达到 513.5 亿美元，比 2020 年同期增长了 40%，希望 RCEP 的实施，让马中两国在经济贸易和投资领域的双向合作更上一层楼。

就下一步的发展而言，我提出以下建议：一是更进一步促进 RCEP 成员国间的区域经济贸易和投资合作；二是尽管我们已经取得了阶段性胜利，成功签署 RCEP，这是时间和程序问题，最重要的是下一步各个成员国必须更加深入地参与其中，需要更加注重成员国间的产业参与，一起增进对产业的理解，形成更加紧密的产业合作和合作伙伴，进一步促进工业和技术发展，并建立双赢和互补性工业合作，加强全球工业和供应链合作，这都利于扩大 RCEP 区域和全球贸易往来，实现便利化。成员国也需要协调技术法规，接受彼此的合格评定程序，这将极大地促进贸易和市场准入。

马来西亚 RCEP 进展与合作发展机遇

荷里扎·哈兹里　马来西亚战略与国际研究研究所执行所长

我将从以下三个方面进行论述：第一，马来西亚批准 RCEP 的进展。第二，RCEP 的一些局限性。第三，深入合作的一些机遇。

最近马来西亚的总理宣布国内已经批准了 RCEP，政府已经把批准文书提交到了雅加达总部，2022 年将会在马来西亚生效，马来西亚将会成为第 12 个该协议生效的国家。各个国家在追求可持续发展和经济复苏，RCEP 对马来西亚来说提供了和周边国家进行一体化的很好机会，同时还可以深化区域合作。马来西亚一直都是一个非常友好的贸易国，自古以来就是这样的传统，未来马来西亚将会进一步促进区域一体化，加强地区的交流和合作伙伴关系，和周边想法相近的国家一起推动这个进程。马来西亚的总理进一步重申了马来西亚是一个开放的经济体，会进一步支持贸易和企业的发展。在过去的几十年中，我所在的机构作为一流智库，一直支持本地区的经济一体化。

RCEP 不光是全世界最大的自贸协定，同时也为各个国家加速经济复苏提供机会。比如联合国贸发机构指出，降低如服务贸易和跨境电子商务的贸易壁垒将发挥非常好的作用。

但我们也应该认识到 RCEP 存在的缺陷和局限性，必须要做出更大的努力来使亚太地区更加繁荣。印度没有成为 RCEP 成员国，这是一个很大的遗憾。印度是规模很大的经济体，同时有很强的人力资源，我们应该向印度展示 RCEP 是一个可持续的经济伙伴关系，使得未来可以进行更好的经济交流合作。

另外，RCEP 的谈判将更多围绕环境保护、劳动标准、劳动权利等方面，这是未来努力的方向，还包括数字经济、跨境商务等。RCEP 和 CPTPP 是有差距的，同时新冠肺炎疫情给了我们很多教训，我们要重新思考如何开展商务交流。我们要跨越边境、国境去做一些共同的事情，包括环境保护。我们应该在一个更大更有利的环境中开展贸易。贸易只有在一个有利的环境中才能发挥作用，这就意味着如果不考虑环境的影响而去扩大制造业，那么不管 RCEP 开拓多少新的市场，它肯定会最终影响到贸易发展和区域一体化。这是一个摆在推进区域一体化进程面前的问题，要加强各国之间的合作才能够共同解决该问题。其中一个机会表现在，RCEP 不是一个封闭的系统，事实上它是一个跳板，可以加强地区和世界各地的联系，还可以促进一个公平的多边贸易系统的发展。

RCEP 现在是最大的自由贸易协定，未来将会更加扩大。RCEP 成员国应该共同努力，使得协议覆盖面积越来越大。

现在我们还有一个非常大的发展空间，特别是那些欠发达国家，很多国家也提出在人权、劳工权利、国企、环境保护方面有很多的缺陷。RCEP 有一些规定每五年就要更新一次，因此我们有很多的机会来更新 RCEP 的规定，同时增强我们的承诺。为此，RCEP 需要加强能力建设，特别是对那些最不发达的 RCEP 成员国进行技术援助，要确保他们不被落下。

我们从过去两年中学到的最重要的一个教训是，需要全球和地区的合作，RCEP 就是体现该教训的很好例子。现在并不是享受荣耀的时刻，如果 RCEP 要成为一个经济自由化的引擎，我们还需要做出更大的努力。

RCEP 背景下柬埔寨面临的机遇与挑战

舍雷瓦 柬埔寨皇家科学院中国研究中心主任

众所周知，RCEP 中存在着发展水平各不相同的经济体。比如在柬埔寨、越南、老挝，中小企业是就业提供的支柱者。其他的经济体，比如中国，则是以中小企业和大型制造业为骨干。所以 RCEP 成员国的经济增长模式各不相同，凭借开放的市场和不间断的供应链，RCEP 保护和确保中小企业部门免于停滞不前。

新冠肺炎疫情对经济的冲击是非常大的，它切断了人与人之间的交流。正如 RCEP 关于公平和开放章节强调的那样，一些国家的小微企业在经济发展阶段对经济增长、就业和创新作出了巨大的贡献。RCEP 是柬埔寨贸易协定领域的新篇章，与柬埔寨参与的现有优惠贸易协议如 EBA 和 JSP 普惠制协议相比，RCEP 更为广泛而且是基于规则。随着柬埔寨的经济发展，EBA 和 JSP 将来会被逐步淘汰。长期以来，柬埔寨的经济过度依赖于 EBA 和 JSP。本地企业将会有更多的机会促进出口，参与本地区新的价值链，并增加对外投资，RCEP 能为本地企业更大的优势——市场准入优惠。中小企业贸易的增长将带来地区的贸易稳定和经济稳定，中小企业整合的价值链将使脆弱国家的政治正常化，这些脆弱国家容易受到政治的影响，从而损害国内外生产的需求。

虽然 RCEP 为经济体提供了巨大的优势和机遇，但是它也面临巨大的挑战和限制。第一，担心 RCEP 会损害柬埔寨的中小企业和农民。随着工业革命的变化，市场的竞争正在加剧，这种现象可能会对中小企业和发展中经济体构成重大挑战。第二，劳动技能低下、生产效率低下、技能和工资不匹配仍然是制造业发展面临的挑战。第三，要解决所有领域的新问题，特别是在人力资源开发方面。第四，创新相关工具，因为增长和创新这两个目标不能充分发挥作用，目前缺乏包容性视角的措施。第五，大多数微型企业是家族企业和非正规经营，需要增加生产价值。第六，根据企业的报告显示，限制企业发展的制约因素主要是腐败和高昂的运输成本等。

为了获得 RCEP 的好处并促进公平性、多样性和包容性，建议如下：经常进行文化交流，以促进成员国间的了解；加强学术和研究交流，构建新的创新途径，以促进合作顺利进行；建立创新合作关系；快速促进商业配对，了解产品多元化和贸易格局；投资流向应作为促进 RCEP 成员国公平的关键以及合作的关键；旅游是人文交流富有成效的方法，但是因为疫情而中断，将来可以在这方面加大力度；加强物流体系建设，使其足以与其他 RCEP 成员国竞争。因此可以采取提高产品标准、优惠税收、原产地规则与贸易相关的关键基础设施建设，特别是多市联运设施，同时还应该加强技术和监管以及能力建设。

RCEP 为柬埔寨以及其他 RCEP 成员国的经济和中小企业提供了巨大的优势和机遇，RCEP 将成为促进柬埔寨和其他成员国的贸易与外国直接投资贸易量和竞争优势的驱动力，必将有助于在后疫情时代重建区域经济，还将促进发展中成员国的中小企业发展，以及促进该地区的公平多样化和包容方面发挥非常重要的作用。然而，RCEP 同时也带来了诸多挑战和制约。其中有由 RCEP 自身造成的，也有由企业和中小企业自身以及各国公共治理体系造成的，因此要获得 RCEP 的早期收益，应当认真考虑上述提议。

第四篇

RCEP背景下的中日韩自贸区建设

RCEP 背景下争取实现中日韩自贸区谈判的重大突破

迟福林　中国（海南）改革发展研究院院长

2022 年 1 月 1 日，RCEP 在中国、日本、澳大利亚和新西兰以及东盟 6 国正式生效，韩国也将于 2 月 1 日生效，这标志着全球最大的自由贸易区顺利启航。RCEP 的生效，为深化中日韩经贸合作创造了新的条件。在这个特定背景下，持续了 10 年的中日韩自贸区谈判，能否实现重大突破？

一、RCEP 生效为建设中日韩自贸区提供重要条件

1. RCEP 为中日韩自贸区谈判提供重要支撑。RCEP 不仅仅是中日、日韩间的第一个自贸协定，且在关税减让、市场准入、区域供应链调整等方面为中日韩自贸区建设奠定重要基础。例如，RCEP 将使得中日间 86%~88%的商品实现零关税，日韩间 83%的商品实现零关税。同时，RCEP 也是首个中日韩共同参与的自贸协定，为中日韩经贸合作提供了一体化的制度框架。在这个框架基础上，中日韩可以在原产地、服务贸易、电子商务等领域开展更高水平的经贸规则安排。

2. RCEP 的生效为中日韩经贸合作注入动力。RCEP 的生效，在带动中日韩间贸易与投资壁垒大幅下降的同时，也通过更加灵活的原产地累

积规则促进三国间产业链、供应链、价值链的进一步融合。有关数据显示，RCEP 将带动中日韩三国出口分别累计增长 8%、5%、8%，投资分别增长 0.4%、1.0%、1.6%，形成经贸合作的重要红利。

3. RCEP 对高水平中日韩经贸合作提出现实需求。根据世行的数据，2020 年中日韩三国 GDP 占 RCEP 区域内 GDP 的 82.44%。可以说，中日韩经贸合作对 RCEP 的实施效果具有重大影响。为此，努力实现中日韩自贸区建设的突破，加快形成更高水平、更广范围的三边合作机制，不仅有利于巩固 RCEP 合作成果，也将推动形成区域经济一体化的新格局。

二、中国打造高水平、制度型开放格局，为建设中日韩自贸区提供重大利好

1. 中国是日韩最大的市场。中国不仅是日韩最大的消费市场，也是地区内最大的高端制造业投资国。例如，估计到 2025 年前，中国社会消费品零售总额有可能超过美国，成为全球第一大商品零售市场。重要的是，伴随着经济社会转型升级，中国居民服务型消费增长空间巨大。估计到 2035 年，中国居民服务型消费占比有可能从 2021 年的 45%左右提升到 60%左右，由此带来数万亿美元的消费增量。这给日韩医疗健康、文化娱乐、信息技术等产业带来重大利好。再如，受劳动力成本上升、人口老龄化加速等因素影响，估计未来 5 年中国工业机器人市场规模有望保持 20%左右的年均增速。目前，日韩在工业机器人利用方面处于世界前列，都是工业机器人制造强国，中日韩在工业机器人等智能化制造业合作中具有巨大潜力。

2. 中国推动以服务贸易为重点的高水平开放，为中日韩经贸合作拓宽市场空间。2014—2019 年，日本累计向中国出口 1352 亿美元，年均

增长 12%，是日本服务出口整体增速的 2.4 倍；韩国累计向中国出口服务 1207 亿美元，占其服务出口总额的比重稳定在 20%左右。随着中国产业结构、消费结构转型升级与服务贸易开放水平的提升，预计疫后中国服务进口仍将保持快速增长，特别是旅游、医疗健康、知识产权、电信、金融保险等服务将成为进口的重点。

3. 中国推动制度型开放将为中日韩高水平经贸合作提供重要条件。制度型开放的基础在于打造市场化、法治化、国际化的营商环境，更加重视竞争、监管、知识产权保护等方面的制度性安排，实现规则、规制、管理、标准与国际衔接。特别是中国政府已正式申请加入 CPTPP，韩国也已启动加入 CPTPP 的程序，这将为中日韩开展 RCEP 基础上的高水平经贸合作提供重要条件。中国申请加入 CPTPP，是打造高水平、制度型开放格局的重大举措，是促进经济全球化、区域经济一体化的一大利好。

三、RCEP 背景下中日韩自贸区有可能取得突破

1. 把 RCEP 作为推动中日韩自贸区的新路径。

（1）在 RCEP 生效后，中日韩要用好关税减免措施和投资便利化安排，力争缩短关税减让过渡期，促进商品和要素流通，进一步推进三方经贸发展。

（2）充分利用更加灵活的原产地累积规则，以装备制造、智能制造等为重点，在 RCEP 框架下推动构建更具韧性和活力的制造业、产业链、供应链。中方已经提出倡议，中日韩共同深化在东盟的第三方投资合作，继续推动设立中日韩共同投资基金，探讨设立中日韩东盟投资合作平台。

（3）推动中日韩三方在合作倡议上的对接。中国的“一带一路”倡议、日本的“高质量基础设施伙伴关系计划”和韩国的“新南方政策”，

有条件在 RCEP 框架内积极对接。

2. 尽快在中日韩服务贸易自由化、便利化方面实现突破。服务贸易不仅是 RCEP 与中韩自贸协定的短板，也是中日韩经贸合作的最大潜力所在。目前，在 RCEP 框架下日韩已实现跨境服务贸易负面清单管理，中国也在积极推动由正面清单向负面清单的转变进程。中日韩有条件率先实行中日、中韩服务贸易项下的自由贸易，并带动中日韩服务贸易自由化、便利化。例如，适应中国消费结构升级大趋势，积极开展旅游、教育、文化娱乐等产业项下的自由贸易；适应中日韩共同面对的人口老龄化挑战，积极推进医疗健康养老产业项下的自由贸易。同时，参照 CPTPP 规则安排，逐步实现中日韩数字贸易规则的对接。

3. 支持中日韩企业联合开发第四方市场。比如，采用包括“早期收获计划”、框架协议、多边投资协定等多种合作形式，各方共商共建灵活多样的双边、多边、区域性自贸园区；推动“中日韩+印度”合作，促进印度重返 RCEP；发挥中国产能优势及日韩服务优势，共同开展在俄、蒙、朝等第四国间的能源合作、旅游合作、制造业合作、农业合作、基础设施合作等，推进东北亚区域经济一体化进程。

立足 RCEP，在排除干扰、增强互信的同时，推动具体领域高水平的务实合作，释放中日韩“小多边”与 RCEP“大多边”相互促进的积极效应，既有利于中日韩三国，也对 RCEP 框架下的区域经贸合作有重要影响。

RCEP 生效背景下推进中日韩合作的六点建议

胡正跃　中国公共外交协会副会长

中日韩地缘相近，人文相通，命运相关。在世界形势激荡变化的大背景下，维护好中日韩三方经济合作势头尤为重要。这是三国发展的需要，是区域合作的需要，也是全球治理的需要。

在各方努力下，RCEP 已正式启动。这是新形势下，东亚区域合作取得的实质性进展。各成员国都在积极推进落实举措。如果说 RCEP 是个高标准协定，那么中日韩将具有决定性影响。因为三国的 GDP 总量占协定参加国总和的 80% 以上。三国的市场容量、基建能力和科技水平，都足以带动本区域长期稳定发展，进而为地区长期共同繁荣作出重要贡献。怎么用好关税减免和投资便利带来的发展红利，是中日韩三国必然要考虑的课题。为此必须创新思路和手段，努力使双边和三边合作更富有活力，更符合实际，更能带动区域经济一体化进程健康稳定向前发展。对于后疫情时代中日韩与东盟及世界的合作，我提出几点建议。

一是分头推进“10+1”合作，协助东盟各国尽早复工复产，支持东盟重振至关重要的旅游观光业等。中日韩有能力，东盟有需求。协助东南亚重振发展势头，符合中日韩三方共同利益，也是我们长期追求的“10+3”合作进程在新形势下的应有之义。中日韩三国与东盟的合作都有坚实基础，目前更需要雪中送炭，相互扶持。东盟的持续发展是

RCEP 能否成功的关键因素之一。

二是继续致力区域经济合作。包括推进“10+3”合作进程，加速中日韩自贸区谈判，进一步提高自贸安排水平，为 RCEP 提供压舱石。三方还要积极推动尚未完成的 RCEP 相关成员国尽快完成国内审批手续，确保该协议尽快全面执行。从长远看，我们仍应与印度保持积极沟通，早日吸收其为 RCEP 成员国。

三是尽早恢复人文领域交往。经济合作需要良好的营商环境。东亚国家间极需增进信任，改善相互间民意基础和舆论氛围，增进青年人之间的了解和友谊。中日韩体育界可借三国连续举办奥运东风，加强体育界特别是青少年交流与往来。青年是我们的未来，加强青少年交流，三国经济界可以多出点子、多出力。

四是卫生领域合作。中日韩在应对新冠肺炎疫情方面各有所长，三方应加强向东盟国家提供实质性帮助，包括继续提供疫苗以及与东盟国家合作生产疫苗等。从长远看，三方可携手同第三国建立“中日韩+”长期卫生合作机制。在区域卫生和健康产业方面加强统筹，推广先进理念，加速人才培训，改善硬件设施，造福东亚人民。

五是结合《联合国2030可持续发展进程》所列项目，探讨携手与第三国或相关地区进行合作的可能性。协调好中日韩各自的优势，可以大有作为。较可行的领域包括绿色经济、生态安全和环保工程等。

六是围绕中国“一带一路”倡议、日本“高质量基础设施伙伴关系计划”和韩国“新南方政策”，中日韩三方企业可以加强沟通，寻求双赢和多赢合作。可以先从东南亚地区做起。各方都是“10+3”合作和 RCEP 成员国，又都熟悉各方文化背景和营商环境，展开互利互惠合作顺理成章，容易取得成功。

抓住 RCEP 生效机遇，深化中日韩中小企业互利共赢合作

邱国洪　中国前驻韩国大使

2022 年，对中日韩合作来讲，最大的利好是 RCEP 的正式生效，中日韩经贸合作有望迎来新一轮全面深化的机遇。因为 RCEP 是目前全球规模最大、理念最先进的区域经济合作安排，特别是其中的知识产权和电子商务章节，适应了数字经济时代的发展需求，必将助推中日韩三国提升合作质量。中日韩三国事实上是 RCEP 最为重要的核心成员国，因为三国的经济总量超过 RCEP 全体成员国经济总量的三分之二，也都是其他 RCEP 成员国最为重要的经贸合作伙伴。由于中日韩三国相互间只有中韩签订了自贸协定，中日和日韩之间均尚未签订。因此，RCEP 的生效，相当于使中日韩三国首次有了间接的自贸协定。

中日韩三国的大企业大多是跨国企业，在开展国际合作以及用好各种多双边自贸协定为企业自身更好发展服务方面有着丰富的经验和相应的能力。相信他们在 RCEP 谈判期间就已经着手研究并制定了各种运用 RCEP 为企业发展服务的方案。但是，三国的中小企业情况有所不同，应该说他们中的大多数并无这方面的能力和实力，需要三国各级政府和各类经贸团体以及中日韩三国合作秘书处建立多层次的专门平台，来指导和帮助三国中小企业运用 RCEP 中各种有利于中小企业发展的条款，

为他们指明重点合作方向，并提供牵线搭桥服务。

关于如何抓住 RCEP 生效机遇推动中日韩三国地方和中小企业互利共赢合作深化，我谈三点个人的看法和建议。

首先，建议三国各级政府相关部门和各类经济团体建立指导帮助中小企业如何有效利用 RCEP 的专门平台。这个平台的主要作用有三个。

一是通过编撰通俗的解读 RCEP 手册和多种形式的专门培训，向中小企业普及 RCEP 知识，启发他们从中寻找适合自己的向外发展机会。据我所知，中国的对外商贸团体已经在做这方面的事，相信日本和韩国的有关商贸团体也在做同样的事，建议中日韩合作秘书处牵头加强三方有关商贸团体在如何用好用足 RCEP 方面的交流。

二是向中小企业提供对外合作重点方向和重点领域方面的信息和指导。RCEP 生效后，三国中小企业可以考虑开拓的重点领域和重点方向为两个方面，其一是疫情防控期间逆势增长的产业，如健康医疗、生物制药、人工智能、电子商务、节能环保等领域，可作为三方共同推动的重点合作领域。因为这些领域有资金投入大、人才要求高、产业链长的特点，且中日韩三国各有优势，互补性强，合作潜力巨大，正在成为后疫情时代三国经济新的增长引擎。其二是推动“2+1”合作，即中日或中韩或日韩+东盟国家和“3+1”合作，即中日韩+东盟国家，这方面的合作不仅中日韩三国政府都积极支持，还有 RCEP 正式生效的东风可以助力，更有中日韩合作机制和中日韩+东盟即“10+3”合作机制两个区域多边合作机制做依托，将是后疫情时代中日韩三国最有希望全面扩大合作的方向。

三是多渠道、多形式为中小企业开拓境外业务牵线搭桥。每年在中国长春举办的东北亚博览会和在潍坊举行的中日韩产业博览会都是很好的国家级层面牵线搭桥平台。三国地方政府还可通过友好城市关系、各种招商引资平台、驻外办事机构等渠道为中小企业“走出去”提供帮助和咨询。

其次，建议用好 RCEP 中有关数字经济和电子商务的条款，大力推动三国以中小企业为主的创新创业合作。国际创新创业合作方面中国的山东省有着很好的实践，近八年来，先后创建了每年在威海举行的中韩创新大赛和中日创新大赛，以及在青岛举行的中日韩创新创业大赛暨中日韩青年创新创业论坛，累计吸引三国近 5000 个团队参赛，内容涵盖高端装备制造、智能制造、新能源材料、新一代信息技术、大数据、人工智能、医药生物健康、现代服务等领域，已有数百个项目实际落地或意向落地，成果斐然。我建议中日韩三国政府有关部门以 RCEP 正式生效为契机，参考中国山东的成功经验，积极考虑创建中日韩或中日韩+东盟“10+3”国家层面的创新创业平台，激发东亚地区中小企业和青年人的创新创业热情，使之成为后疫情时代地区经济发展新的动能。

最后，建议利用各种文化体育交流渠道增加为三国企业特别是中小企业开展互利共赢合作的牵线搭桥机会。比如，我本人因为工作原因有机会参加过不少以中日韩为主的国际围棋交流活动。中日、中韩和中日韩政界以及其他各界别、各形式的围棋联谊活动中，企业家和企业高管比较多，通过交谈成为好朋友的例子不少，是否还有因此促成业务合作的情况，虽然我无这方面的统计，但我相信肯定有。中国南宁有一个民间机构组织运营的城市围棋联盟，每年组织多种形式的专业和业余比赛，还不定期组织以企业家为主的联谊赛事，迄今中国国内有 16 个城市组队参加，国外 RCEP 成员国中日本、韩国、泰国、澳大利亚等国的城市也都多次组队参加。2019 年“城围联”举办的“柳钢杯”的企业家围棋邀请赛共吸引 60 多位企业家参赛，50 多位企业家观赛，成功地用围棋在企业家之间搭了一座相互交流的虹桥。南宁是中国–东盟博览会永久会址，如能请中日韩合作秘书处出面推动“城围联”举办 RCEP 成员国企业家为主要对象的围棋联谊活动，也许会成为一个很好的为 RCEP 成员国企业家开展互利共赢合作牵线搭桥的平台。除围棋外，其他文化体育交流渠道应该也有相似的情况，值得去发现和挖掘。

总而言之，RCEP 的生效对中日韩三国后疫情时代经济恢复和更高水平发展是重大利好，是全面深化中日韩合作的重要机遇。三国大企业早已行动起来，只要解决好三国地方和中小企业有效参与的课题，中日韩三国经贸合作一定会迎来一个崭新的全面发展的局面。

合作促进中日韩供应链重构

张蕴岭　中国社会科学院学部委员

一、RCEP 建立了统一的东亚开放大市场

RCEP 最重要的意义是建立了统一区域规则下的东亚开放市场。它打破了原来“10+1”FTA 导致的分割，统一了区域规则。RCEP 的特征是在坚持高标准的前提下，根据东亚 15 个国家不同的情况，设置了不同的过渡期，整个过渡期是 20 年左右。RCEP 各个国家的情况很不一样，照顾到各个国家的特点，体现了东盟所倡导的舒适度原则。所谓舒适度，不是不改变，而是适应各个国家发展的情况，采取区别对待的安排，最终达到高标准。RCEP 最大凸显功效不是马上增加较多的区内贸易，而是降低交易的成本，使得产业链的重构能以低成本进行，走向统一开放的东亚大市场，最终形成一个共同发展的经济区。

二、中日韩有进一步提升开放水平的空间

RCEP 的特点是基于双边开放的地区性安排，中日韩相互间仅 80%

多的市场准入开放程度是所有成员国中最低的，这表明中日韩相互开放的空间非常大。从服务贸易的开放水平来看，总体比“10+1”FTA高一些，但仍需要进一步推进，采取分布提升开放的方式。中日韩之间的相互开放度市场准入开放度低，这需要在三国自贸区谈判中加以提升，再进一步扩大到RCEP框架下。理想的方案是在RCEP生效后两年内三国能谈成更高水平的自贸协定，尽管有很大的困难，还要下决心去推动。

三、进一步深化中日韩供应链的重构

第一，充分利用开放的空间，克服三国政治上相互不信任所带来的障碍。中日韩领导人会议已连续两年无法召开，最后一次是在中国召开的，当时三国领导人承诺，今后不会因为双边的政治问题停止对话，然而承诺没有落实。应该重启三国领导人会议，没有三国领导人会议，三国要达成高水平的自贸协定几乎是不可能的。一定要增进政治互信。韩国3月大选要迎来新的领导人，希望韩国领导人的更替能够为改善日韩的关系、改善中日韩三国的合作氛围，带来新的契机。

第二，克服美国对华技术限制带来的不利影响。中日韩三国的经济是无法分开的。中日韩应该携手共同克服美国政策造成的障碍，因为中日韩三国的技术合作在整个产业链、供应链构建中是非常关键的，中日韩三国的产业链重构，对于整个东亚的发展也是非常重要的。所以，还需要提出一些具体的落实措施，使得中日韩合作走得更深、更强，只有这样，RCEP的经济效应才会达到大家共同期盼的目的，即实现东亚产业链重构和东亚开放合作经济区的构建。

RCEP 的影响与深化中日韩供应链合作的新契机

赵晋平　国务院发展研究中心对外经济研究部原部长

一、供应链重组：中日韩合作面临的机遇和挑战

1. 供应链向区域内集中布局

分析 2017—2020 年区域经济格局的变化发现，2017—2020 年中日韩全球供应链中心地位明显上升。区域内三国之间跨境贸易在全球贸易中的比重提高，不仅表明中日韩地区成员间相互贸易依存度提高，也表明中日韩供应链调整逐步向区域内集中，对全球供应链调整的影响加大，这对于中日韩三方未来加强供应链重组具有积极的意义。这种变化的深层次原因是企业为了回避贸易保护主义和疫情冲击，加大在周边地区投资布局，区域内跨境产业分工体系逐步加强。供应链围绕地区市场重组有利于区域内成员吸引更多跨国投资，RCEP 生效将进一步加快这一进程。

2. 全球供应链重组的新挑战

第一，在全球范围内，各国对供应链的问题高度重视，但也出现了

逆流。美国等西方国家力推“共同价值观”供应链重组，高调渲染所谓“民主”国家之间紧密联手的重要性，使用美式“人权”标准作为供应链重组的关键尺度，肆意将市场竞争对手列入实体名单实施制裁，并将这套做法通过立法和强化战略同盟关系等手段逐步在更大范围内实施和复制，对多边主义基础上的国际规则造成了极大破坏。这种逆流，对中日韩三方的供应链合作带来长期深远的不利影响。所以，中日韩对这种现象应保持警惕，并且通过合作消除。

第二，WTO 多边体制的权威性、有效性面临严峻挑战，关于规则重构和机构改革的大国博弈加剧。长期以来，WTO 功能弱化、争端解决机制效率低下等问题经常被诟病。近年来，由于缺乏针对数字贸易等现代议题的有效规则制定能力和在美国阻扰下争端解决机制陷于瘫痪等问题，改革的紧迫性进一步上升。预计今后几年，关于发展中国家地位、竞争中立政策、产业补贴限制、知识产权保护、数字贸易规则、公共卫生相关医药品贸易、应急贸易机制等问题，将成为各成员方博弈的焦点。

第三，以碳中和为主要目标的“绿色供应链”重组新趋势日益凸显。中国作为巴黎协定缔约方已经做出了逐步实现碳达峰和碳中和的庄严承诺，构建低碳型产业链和供应链既是招商引资面临的新机遇，也是新挑战。

二、RCEP 生效：增强中日韩区域供应链韧性的新契机

在货物贸易方面，将从两个方面为深化供应链合作带来机遇：一是货物贸易自由化水平；二是原产地规则。累积计算的原产地规则有利于加强区域内货物贸易间的相互关系，还有一个重要的利好方面是 RCEP 的原产地规则具有很强的开放性和便利性。10 年的过渡期内由核定企业

自主声明其原产地证明，10 年过渡期结束后，由企业，无论是厂商还是出口商，通过自主声明的方式，提供原产地证明，获得货物贸易自由化的优惠政策。这对企业实际运用 RCEP 条款具有非常重要的便利性和开放性，对推进区域内货物贸易整合具有重要作用。

在投资方面，中方承诺的负面清单涉及制造业、农业、林业、渔业、矿业等五个产业领域，共计 23 项，具体涉及专属经济区和大陆架勘查开发、稀土元素和稀有资源勘探开采等敏感领域。但根据 2021 年 12 月 27 日中国发布的最新负面清单，已经取消了对汽车和广播电视播送设备制造对外资的限制，比在 RCEP 中承诺的负面清单又缩短一些。进一步扩大对外开放，有利于促进中国与 RCEP 其他 14 个成员国之间的相互投资，也为各国增加对中国的投资创造了良好机遇。历史数据显示，近几年中国利用 RCEP 其他 14 个成员国投资占比始终保持在 10%以上，2020 年有所降低，主要是因为来自韩国的投资出现了较大幅度下降，这和新冠肺炎疫情有直接关系。但是在高水平的投资自由化条款的影响之下，中日韩三国之间通过扩大相互投资将会对带动供应链重组发挥积极的作用。

三、疫后复苏：中日韩相互投资有望率先实现恢复性增长

根据联合国贸易促发组织最新的数据，2021 年上半年，全球跨境直接投资同比增长 89%，比 2019 年同期增长 48%。从美国、中国、韩国、墨西哥、马来西亚、泰国、越南、爱尔兰等国家 2021 年吸收的跨国公司投资的情况来看，也实现了较大增长。韩国 2021 年上半年利用外资同比增长 71. 5%，其中并购投资增长 157. 7%、绿地投资增长 37. 6%。越南 2021 年 1—9 月利用外资许可金额同比增长 22. 3%，其中制造业增长

31.9%。这些数据足以表明，全球范围内，跨境直接投资已经进入了恢复性增长的阶段，而且在2022年有可能继续持续下去。随着疫后复苏的深化，特别是在RCEP以及有关贸易和投资自由化政策下，中日韩三国的合作将主要通过扩大相互投资的方式实现。中日韩三国相互投资为率先实现较快的恢复性增长提供了较为有利的条件，有可能在全球范围内率先实现复苏。

四、建议：深化中日韩供应链合作的方向和路径

一是RCEP的继续深化谈判还没有结束，需要共同推进RCEP协定正式生效后的后续谈判。生效后的第一年，就原产地规则中是否允许进口方企业也提供原产地证明展开谈判。

二是RCEP的自由化水平，相对来说还有提升的空间，这也需要通过后续的谈判解决。中日韩三国应考虑如何发挥引领作用，在持续的后续谈判中进一步深化RCEP的贸易投资自由化、便利化水平。

三是以CPTPP自由化、便利化措施为谈判原则和标准，加快推进高水平中日韩自贸协定谈判进程。中日韩自贸协定自由化的水平一定要高于RCEP。中国已经正式申请加入CPTPP，韩国也正在履行申请的手续，日本是CPTPP的重要成员。中日之间在CPTPP的标准基础上谈判，韩国和日本之间也可以在CPTPP标准基础上进行谈判。事实上，要申请加入CPTPP，必须和现有成员都通过双边谈判的方式达成一致。所以可对标CPTPP，直接在中日韩自贸协定中展开三方的谈判，这是一个有效的捷径。

四是加强三国在全球经济治理结构改革和规则重构中的政策协调，共同反对将经济问题政治化、滥用价值观和双重人权标准、干预跨国企业供应链布局的非市场化行为。

RCEP 框架下中日韩合作面临的挑战和机遇

吴士存　中国–东南亚南海研究中心理事会主席

2022 年 1 月 1 日，由东盟十国和中国、日本、韩国、澳大利亚、新西兰等 15 个成员国，历经 8 年谈判磋商达成的 RCEP 正式对文莱、柬埔寨、中国、日本等 10 国生效，2 月 1 日开始也将对韩国生效。这标志着覆盖全球人口和 GDP 总量近 30%、最具发展潜力的自由贸易区正式落地，也意味着中日韩三国经济和社会人文一体化进入了崭新的阶段。

中日韩的经济总量分别居世界第二、第三和第十位，三国 GDP 总和超 21 万亿美元（2020 年），占 RCEP 成员国经济总量的 80%；2020 年三国人口总和约 16 亿人，占 RCEP 成员国总人口的近 70%。因此，RCEP 给中日韩合作架起重要桥梁也注入新的强劲动力，同时三国的紧密合作也是 RCEP 顺利推进的重要保障。

不过从客观现实来看，摆在中日韩三国合作面前的障碍和挑战仍然存在。

第一，中日韩合作的各自立场和预期目标发生了变化。中日韩三边自贸区自 2002 年提出构想、2012 年启动谈判以来，至今并无太大进展，距离最终达成协定仍有很长的路要走。RCEP 为推动中日韩自贸区发展提供了规则共享、机制共享、市场共享和成果共享的基础，从长远看，有利于提升谈判效率、增加成功概率。但如今形势发展再次增加了这一协定的不确定性。一是 RCEP 让中日韩首次处于同一自贸协定框架之下，各方面对是否有必要再次达成一个三边自贸协定产生疑虑；二是目前日本的目光主要聚焦在由其主导的 CPTPP，中韩两国尚未加入，因此不同区域合作机制之间的竞争在未来仍在所难免；三是日韩对于三边自贸协定中由谁来主导仍抱有一定的疑虑。利益诉求和预期目标发生变化导致个别国家达成自贸协定的意愿有所减弱，此时再推动中日韩签署三边经济合作协议面临的挑战不容低估。

第二，美国因素严重制约三国合作的开展。中美关系全面下行，中日关系亦不乐观。日韩同为美国重要盟友，两国在军事和安全领域上对美国严重依赖，独立性长期受到一定制约。2021 年以来，美国提出经济领域的“印太战略框架”，无意加入 CPTPP，但计划构建“印太经济框架”，将区域合作聚焦于贸易便捷化、数字经济与科技的标准、供应链韧性、碳排放、洁净能源、基础设施、劳工保护标准和其他共同关心的领域。2021 年 11 月美日已宣布建立以加强劳工、环境和数字贸易等为合作重点领域的“美日贸易伙伴”关系，并将竞争的矛头指向了中国。美国以控制地缘经济秩序主导权为目的的战略，是中日韩区域经济合作最为重要的干扰因素之一。

第三，历史遗留问题严重影响三国政治互信。历史问题、海洋争端等一直是中日韩区域合作无法回避的挑战。中日之间存在历史、海洋争端问题，中韩之间也有海洋争端、海洋划界问题，日韩之间同样有领土主权和海洋划界问题。这也是未来影响自贸协定谈判进度的决定性因素之一。

对此，我想就在 RCEP 框架下推动中日韩合作提四点建议。

第一，释放智库间合作潜力，充分发挥智库在 RCEP 框架下推动中日韩三国合作的积极作用。近年来，国家间智库合作的积极作用越来越受到重视。中改院与日本、韩国的许多智库有长期及机制化的合作关系，以及可持续运作的平台。中改院与韩国济州研究院共同举办的对话性论坛已运作多年，中日韩三方对话也已经成功举办了 8 届。中国南海研究院也已分别与韩、日知名智库建立了密切合作。一是与韩国海洋战略研究所（KIMS）于 2014 年共同创设“中韩海洋合作论坛”，迄今已成功举办 6 届，成为两国涉海智库间“二轨”交流的学术平台，对促进双方海洋政策沟通、推动海洋治理合作和深化人文学术交流发挥着重要的智力支撑和桥梁纽带作用；二是与日本笹川和平财团海洋政策研究所在 2016 年共同发起“中日海洋对话会”的学术交流项目，目前已举办 4 届，在中日解决海洋争端、海洋危机管控方面通过这一平台给各自政府提出建设性建议，为两国涉海研究机构和学者提供了稳定、机制化的交流渠道，有效推动了中日双方在海洋安全和海洋治理等领域的协调与合作。未来，我们应进一步挖掘智库间的合作潜力，探索以三国智库间合作为主要内容的聚焦中日韩三国 RCEP 框架下的合作交流平台，为中日韩借助 RCEP 生效实施的东风加快三国经济区域一体化提供智力支持。

第二，把扩大旅游领域的合作规模和创新合作模式作为早期收获项目予以积极推动。1997 年海南省与韩国济州道、日本冲绳县、印度尼西亚巴厘省共同创立了“岛屿观光政策论坛”，该论坛以振兴旅游业和促进相互之间的交流与合作为共同目标，迄今已举办 23 届，2022 年第 24 届“岛屿观光政策论坛”将在海南省举行。中日韩三国可以该论坛为平台，推动冲绳自贸区、济州岛国际自由岛和海南自贸港之间的特殊政策衔接和整合，发掘利用 RCEP 的政策潜力，积极探讨谋划疫情之后三国旅游领域合作的恢复和可持续发展，建立 RCEP 框架下旅游平台。如：海南岛、冲绳岛、济州岛、巴厘岛、普吉岛、澳大利亚黄金海岸、新西兰（基督城）等可以共享旅游资源，共同进行旅游促销，甚至可以考虑采取“一程多站”的模式实现旅游经济的共同发展。

第三，把青年一代的交往作为扩大人文交流的重要对象，巩固民意基础。在当前大国竞争加剧，逆全球化愈演愈烈，单边主义、贸易保护主义和民粹主义不断抬头的背景下，人文交流的特殊作用更加凸显。中日韩比邻而居，历史交往源远流长，有着共同的文化渊源。目前，在日本的中国留学生超过 12 万人，在韩国的中国留学生近 7 万人。中日韩彼此间应继续扩大人文交流规模，丰富人文交流内容，创新人文交流形式，进一步加强文化、教育、学术等领域的交流合作，为双方经济合作奠定良好民意基础。

第四，推进三国媒体合作，引导舆论向有利于中日韩三国合作的方向发展。媒体是促进国家间相互了解和民心相通的重要桥梁和纽带，在双方关系发展中始终扮演着不可替代的角色。但遗憾的是，根据皮尤研究中心（Pew Research Center）的全球对华好感度调查数据，近年来中日韩三国国民对彼此好感度不断下降。因此，三国媒体领域的合作不仅要向民间社会传达积极的舆论信息，而且要增强客观正面宣传报道，实事求是，以改善各自民众的负面认知和情绪，为促进共同发展营造良好舆论环境。

RCEP：实现中日韩自贸协定谈判重要突破的8条建议

中国（海南）改革发展研究院课题组

2022年1月1日RCEP正式生效，标志着全球最大的自由贸易区顺利启航。RCEP的生效，为推进中日韩自贸协定谈判进程创造了新的有利条件。抓住RCEP生效实施的重大机遇，加快落实中日韩第八次领导人会议达成的共识，加快推进中日韩自贸协定谈判，争取2~3年内尽快达成三国更高水平的自由贸易协定。

1. 在RCEP框架下加快推进三国货物贸易零关税进程，为早日达成中日韩自贸协定奠定重要基础。RCEP生效后，区域内90%以上的货物贸易将最终实现零关税，且主要是立即实施零关税和10年内降为零关税，这将大幅降低区域内货物贸易成本和商品价格。加快中日韩自贸协定谈判进程，要按照RCEP要求，尽快将中日之间货物贸易自由化率提升到88%（日本对RCEP成员国承诺的最高值），中韩之间货物贸易自由化率提升到91%（中国与韩国对RCEP成员国承诺的最高值）；条件成熟时，三国可实现关税减让由“国别减让”转向“统一减让”。

2. 共同维护区域产业链、供应链稳定。疫情严重冲击了全球产业链和供应链。未来几年，三国应共同形成供应链相互合作的相关制度安排。

（1）充分利用更加灵活的原产地规则，以装备制造、智能制造等为重点，在 RCEP 框架下，推动构建三国间更具韧性和活力的制造业产业链、供应链。

（2）推动形成中日韩制造业分工合作新机制。例如，在汽车制造、电子通信、机械设备、工业机器人等制造业领域形成分工合作新机制，共同维护三国关键制造业供应链的安全稳定，推动三国制造业向全球价值链的上游发展。

（3）建立中日韩制造业供应链安全三方信息沟通和协调机制。由三国政府相关部门或相关行业协会牵头，建立防范中日韩制造业供应链中断的三方信息沟通与协调机制，对中日韩制造业供应链安全稳定进行定期联合评估，形成供应链安全报告，及时向政府、企业发出供应链风险预警。

3. 争取在服务贸易自由化、便利化方面尽快实现突破。在 RCEP 框架下日韩已实现跨境服务贸易负面清单管理，中国也在积极推动由正面清单向负面清单转变。中日韩有条件率先实行中日、中韩服务贸易项下的自由贸易，并带动中日韩服务贸易自由化、便利化。

（1）在 RCEP 框架下，中日韩三国可率先实行高水平的服务贸易自由化、便利化制度安排，重点推进在医疗健康、文化娱乐、金融保险等领域的务实合作，释放中日韩“小多边”与 RCEP“大多边”相互促进的积极效应。

（2）面对人口老龄化的共同挑战，积极推进中日韩医疗健康养老产业下的自由贸易。

（3）中国加快出台全国版的跨境服务贸易负面清单，尽快实现 RCEP 协议中跨境服务贸易正面清单转为负面清单。

4. 加强数字经济领域的合作。中日韩三国数字经济发展走在全球前列。未来几年，中日韩三国在数字经济领域有巨大的合作空间。

（1）在 RCEP 框架下，深度推进中日韩三国在 5G、AI、大数据、物联网等数字技术领域合作与交流。例如，组建中日韩信息技术联盟，合作开发语言技术等。

（2）利用好 RCEP 中有关数字经济和电子商务的条款，推动三国中小企业创新创业合作。例如，借鉴山东创建中日、中韩创新大赛的成功经验，创建中日韩创新创业平台，激发三国中小企业和青年人的创新创业热情。

（3）争取尽快签署中日韩数字贸易领域的相关协议，使区域内的中小企业可以加入产业链、供应链中；参照 CPTPP 规则安排，逐步实现中日韩数字贸易规则的对接。

5. 推动实现“碳中和”目标下绿色经济合作。目前，中日韩三国已就各自的碳减排目标做出承诺并出台相关政策。在这个共同目标下，三国要加强绿色经济合作，助力区域可持续发展。

（1）推动三国清洁能源领域的合作，包括太阳能、风能和核能等，加快建立东北亚一体化的超级电网。

（2）推动中日韩新能源领域技术合作，实现低成本开发氨技术的突破，探索建立中日韩“氢-氨融合利用开发”的技术合作联盟。

（3）在巴黎协定的框架内推动中日韩减排合作的制度对接，探索建立中日韩“碳中和”联盟。

6. 共同拓展第四方市场。落实中日韩领导人第八次会议达成的共识，在 RCEP 框架下推进“中日韩+X”合作。

（1）采用包括“早期收获计划”、框架协议、多边投资协定等多种合作形式，各方共商共建灵活多样的双边、多边、区域性自贸园区。

（2）推动“中日韩+印度”合作，促进印度重返 RCEP。

（3）发挥中国产能优势及日韩服务优势，共同开展在俄、蒙、朝等第四国间的能源合作、旅游合作、制造业合作、农业合作、基础设施合作等，推进东北亚区域经济一体化进程。

7. 加强人文交流，推动经贸领域的务实合作。中日韩要以加强人文交流为重点进一步增加互信，增强相互间的民间基础。

（1）尽快恢复三国人文交流，尤其要加强三国青年间的交流。未来两年，充分整合现有青年交流机制，形成三国青年交流网络，增进三国青年之间的了解和友谊。

（2）利用各种文化体育交流渠道，为三国企业尤其是中小企业开展合作创造机会。例如，加强中日韩围棋交流，通过文化交流为各国企业家牵线搭桥。

（3）充分发挥智库在推进中日韩经贸合作中的特殊作用，利用中日韩合作对话等智库交流平台，定期就中日韩经贸合作的重点热点问题进行交流研讨。

8. 重启中日韩三国领导人会议。近两年来，三国领导人会议因新冠肺炎疫情等原因而中断。建议以 RCEP 生效实施为契机，尽快重启三国领导人会议。

（1）建议年内启动中日韩第九次领导人会议。以中日建交 50 周年、中韩建交 30 周年为契机，年内启动中日韩第九次领导人会议，推进中日韩自由贸易协定谈判进程。

（2）推动中日韩三方在合作倡议上的对接。中国的“一带一路”倡议、日本的“高质量基础设施伙伴关系计划”和韩国的“新南方政策”，有条件在 RCEP 框架内积极对接。

（3）建立三方经济战略磋商机制，促进三方在海洋、经济、商业、科技、贸易、投资、能源等领域开展战略磋商。

第五篇

RCEP与海南自由贸易港建设

RCEP 时代海南与东盟合作的新前景

翁诗杰　马来西亚新亚洲战略研究中心主席

2022 年 1 月 1 日，RCEP 正式生效，标志着东南亚发展新时代的开始。东南亚经济模式将发生重大的范式转变，这将成为后疫情时代的新常态。为响应联合国实现 2030 年可持续发展的目标，全区域可持续发展的需求正在增长。虽然世界经济的兴起迫切需要建设数字基础设施，但是现在绿色经济、蓝色经济正在成为各国关注的焦点，正在推动本地区的经济变革发展。

一方面，在海南和东南亚发展中，在绿色经济和蓝色经济领域双方具有互补性。海南是中国最南端的省级岛屿，位于热带与亚热带地区，资源禀赋优越。海南有着得天独厚的绿色环境，而且也有中国内地的技术和政策做后盾，所以备受追求可持续发展的东南亚邻国的青睐。自中国承诺到 2060 年实现碳中和以来，我们看到绿色经济是以碳信用交易和新型可再生能源为特征，绿色经济发展模式无疑已经成为东南亚邻国一个可借鉴的有益发展模式。另一方面，东南亚大面积的热带雨林也成为中国碳信用交易的理想资源。从这个角度来看，海南绿色环境和毗邻东南亚等优势使得海南成为开拓中国与东盟绿色经济合作的最佳选择。实际上，海南资源丰富，尤其是在海洋方面，这些都构成了海南与南海沿岸经济体在海洋经济和蓝色经济方面合作的关键因素。尤其是在海上旅游、水产养殖、渔业和海运物流方面，都是中国可以通过海南向东南亚邻国提供专业知识、分享经验的领域。

展望合作愿景，我们不应当只是局限于海产品、贸易或者是吸引游客，这些都是过去传统的合作模式，我们还应当通过中国援助，为海上旅游、水产养殖、渔业提供基础设施建设，这些举措将大大促进东南亚有关行业的发展。

海南南向的合作恰逢其时，因为海南将全岛建成自由贸易港，到2025年前全岛封关运作，中国-东盟也已经提升为全面战略伙伴关系，这些都为东盟与海南的合作发展提供了成熟的条件。中国-东盟全面战略伙伴关系已经超越了单纯的经济合作，它为双方打造命运共同体提供了理想平台，也促进了多领域、多层次的合作交流，这些都将有利于东盟的发展。当我们谈到海南-东盟合作时，共同探索绿色经济和蓝色经济可持续发展这一新举措，是一个可行的途径；构建命运共同体这样的平台，也可以成为非常有用的工具。

从货物贸易和服务贸易的角度来看，2025年海南自由贸易港即将建成，提升海南的竞争力，使海南成为双循环格局的纽带。海南可以充分利用自由贸易港政策的优势，尤其是免关税的优势，积极吸引来自东南亚的商品和服务，特别是热带农产品可以在海南加工、在中国内地市场分销。

回顾发展历史，2020年海南东盟贸易额为34.3亿美元，仅占中国与东盟贸易总额的0.5%，如果海南作为物流枢纽的潜力得以释放，随着其他合作举措的开花结果，在不久的将来，海南与东盟贸易额实现指数级增长并非遥不可及。因为在《海南自由贸易港建设总体方案》中，海南的定位是成为最具全球影响力的高水平自由贸易港，而且是中国最开放的地区。

在双循环发展格局下，中国国内市场需求的增大，海南自由贸易港将很快成为不仅是和东南亚而且是和整个亚太地区的联通枢纽。的确，海南岛在过去的积极发展中存在长期滞后的现象，但是它的未来将成为中国皇冠上的明珠，它的经济利益在很大程度上与东南亚的经济利益密不可分，只有通过建立在共同利益上的互信，才能够将地缘政治紧张的南海转变为和平与团结的舞台，这有利于海南与东盟共生合作以及其他领域的合作。关键不在于经济利益本身，而在于打造区域性命运共同体的集体意识。

海南自由贸易港成为双循环交汇点的重大任务

迟福林　中国（海南）改革发展研究院院长

一、建立面向东盟的区域性市场

1. 建立面向东盟区域性市场的战略意义

——面对经济全球化逆潮挑战，面对各方促进疫后经济复苏、联动发展的共同需求，建立面向东盟的区域性市场，有利于加强海南自由贸易港与东盟国家的经贸合作与人文交流。

——东盟日益成为中美战略竞争的利益交汇点。海南加快建立面向东盟的区域性市场，将在实现国家建设海南自由贸易港的战略目标、服务国家战略全局中发挥独特作用。

2. 建立面向东盟区域性市场的全局作用

——未来5~10年，中国14亿人巨大内需市场潜力释放将为包括东盟国家在内的全球经济注入重要动力。

——东盟已成为全球最具活力、最有潜力的市场之一。2014—2019年，东盟GDP年均增长5%左右，远高于世界2.9%、欧盟2.1%的水平。预计到 2030 年，东盟 GDP 总量将达到 6.6 万亿美元，成为仅次于美国、中国、欧盟的全球第四大经济体。

——在海南建立面向东盟的区域性市场，就是要充分发挥其在连接两个市场、两种资源中的重要枢纽、重要交汇点的独特作用。

3. 建立面向东盟区域性市场的重大影响

——2020 年，海南与东盟贸易额为 34.3 亿美元，仅占我国与东盟贸易额的 0.5%。适应东盟市场在我国开放发展中的地位日益提升的大趋势，吸引人流、物流、资金流，做大海南经济流量，并取得中央方方面面的支持，使自由贸易港政策顺利落地，关键之举在于尽快建立面向东盟的区域性市场。

——到 2030 年，若我国与东盟贸易额与直接投资有 20%左右在海南实现，将带来 1400 亿美元的货物流与近 50 亿美元的资金流，在明显提升海南经济流量的同时，也将使东盟成为海南自由贸易港的重要经济腹地，并为吸引国内外各类总部型企业集聚海南并开展相关业务形成决定性影响。

二、加强海南自由贸易港与东盟国家的经贸合作

抓住 RCEP 规则全面生效前的时间窗口期，用好自由贸易港政策与 RCEP 规则的叠加优势，将海南自由贸易港打造成为连接中国与东盟市场的重要枢纽，构建 RCEP 框架下区域经贸合作的重要平台。

1. RCEP 的生效将为海南自由贸易港与东盟国家经贸合作提供“时间窗口期”

（1）RCEP 的生效将强化海南区位优势。从 RCEP 成员国地理分布看，海南位于成员国中心，向北通过海陆空与中国内地紧密相连；向东、向南与东亚两国、东盟十国、澳大利亚和新西兰通过航空与海运便捷地连接。作为中国的重要开放门户，东亚、东南亚各国都在海南 4 小时飞行圈内，澳大利亚也在海南 8 小时飞行圈内。

（2）RCEP 的生效将为海南自由贸易港构建面向东盟的产业链、供应链提供重要契机。近年来，海南与 RCEP 国家间贸易占比稳定在 40% 以上，其中与东盟国家间的贸易占比稳定在四分之一左右。RCEP 生效后，海南将成为我国唯一一个三元供应链可以实现零关税的地区，对丰富海南产业结构、促进产业升级、稳定供应链区域布局具有重要意义。

（3）RCEP 的生效将为构建区域内统一大市场提供更高水平制度保障。将重点产业发展和 RCEP 贸易和自由化、便利化规则结合，形成构建区域内统一大市场的重要动力。例如，海南可利用政策优势吸引国内高水平企业“走出去”，也可以积极吸引包括东盟及日本、韩国、澳大利亚等国先进企业引进来，促进国内产业转型升级。

（4）RCEP 的生效将为海南自由贸易港高水平开放带来倒逼压力。例如，在服务贸易领域，中国在 RCEP 中承诺 6 年内将实现服务贸易开放由正面清单向负面清单的过渡，这就需要海南自由贸易港在 6 年内更大力度开展服务贸易开放探索，为我国全面实行跨境服务贸易负面清单提供标杆。

2. 将海南自由贸易港打造成为中国与东盟经贸合作的交汇点

（1）把海南自由贸易港打造成为中国与东盟区域市场的连接点。充分利用“两个市场”“两种资源”，吸引国际资本，在农业、旅游、健康医疗、金融保险、文化娱乐、航运物流、免税购物、高新技术等领域市场开放上先走一步，尽快形成海南区域合作中的突出优势。

（2）把海南自由贸易港打造成为我国与东盟企业“引进来”“走出去”的重要平台。充分利用RCEP生效将为企业“走出去”利用东盟国家资源要素提供更加稳定透明制度环境的有利契机，用足用好自由贸易港特殊政策，大力发展高技术、高附加值的高端制造业；吸引更多的东盟区域内高质量企业来琼投资，将岛内具有突出比较优势的产能转移至区域内其他国家，联手打造分工合理、稳定安全的区域性产业链与供应链。

（3）把海南自由贸易港打造成为中国与东盟商品与要素双向流动的大通道。

——依托海南地处我国面向东盟的最前沿以及背靠超大规模国内市场和腹地经济等优势，用好运输来往自由便利政策及零关税、原产地政策等，强化物流体系建设及与东盟国家口岸间的协调合作，提升海南自由贸易港在中国-东盟跨境供应链的促进、服务作用。

——积极吸引国内外跨境要素在海南自由贸易港内中转、交易、配置、集聚，提升海南自由贸易港在中国-东盟产业链、价值链、创新链的服务管理功能。

（4）把海南自由贸易港打造成为我国与东盟区域性国际人文交流中心。实行更加开放的人才和停居留政策，全方位开展与泛南海国家和地区人文交流活动，构建官民并举、多方参与的人文交流机制，拓展与沿线国家文化体育、教育培训、旅游会展、技术转移、人才培养、医疗健康、信息传播，以及历史文化遗产、生态环境保护、应对气候变化等领域的交流合作，建设区域性人文交流中心。

3. 实现海南自由贸易港政策与 RCEP 规则的对接协调

（1）发挥开放优势。海南自由贸易港应充分发挥单向开放的灵活性，并在参考 RCEP 中进一步形成自身开放优势。

（2）对标最高水平经贸规则。海南自由贸易建设需要对标世界最高水平开放形态，这意味着不仅要实现与 RCEP 规则的对接，也要对标新加坡、中国香港等国际成功自由贸易港的开放标准。

三、实现建立面向东盟区域性市场的重要突破

1. 依托国内旅游消费大市场，建立面向东盟的双边、多边旅游经济合作网络

（1）加快三亚国际邮轮母港建设，开通面向东盟国家的邮轮航线。

（2）在疫情稳定的情况下，争取中央相关方面支持，率先与马来西亚、菲律宾、新加坡、越南、泰国等国家的岛屿地区，开展邮轮旅游、滨海度假、海洋公园、海岛娱乐等形式的海洋旅游合作，构建双边、多边旅游合作网络。

（3）充分利用近期中央赋予海南的特殊开放政策，争取中央支持并协调与香港共建旅游消费产业链，使海南尽快成为面向国内及东盟的中高端免税购物消费、医美消费、文化娱乐消费等的主要承接地。

2. 在海南建立面向东盟的热带农产品保鲜、加工、储藏、出口基地

（1）发挥原产地政策优势。通过零关税和原产地政策，进口东南亚国家的农产品在海南进行精深加工，使产品增值 30%以上再免关税进入内地。

（2）利用海南自由贸易港低税率政策。由此吸引国内外龙头企业建立一批集加工、包装、保鲜、物流、研发、示范、服务等相互融合和全产业链的农业产业化项目，在明显提升海南热带农业竞争优势的同时，形成对东南亚热带农业的影响力和辐射力。

3. 依托特殊的开放政策，建立面向东盟的各类交易市场

（1）争取中国证监会支持，在海南建立以天然橡胶为重点的热带农产品交易所。

——2019 年，泰国、印度尼西亚、越南三国天然橡胶产量合计约占全球的 70%。2019 年，我国橡胶消费量占全球的 40%。目前，天然橡胶期货交易在上海期货交易所，其年成交金额为 13. 10 万亿元。

——积极争取证监会支持在海南建立天然橡胶交易所，为东盟国家提供交易、交割、定价、结算、风控等一站式服务，使海南成为区域性天然橡胶的交易与定价中心。由此，带动形成覆盖热带农产品种类的期货现货交易所，服务全球热带农业中心建设。

（2）建立海南国际文物艺术品交易中心。

——2019 年全球艺术品市场交易量达到 4050 万人次，创十年新高。目前，我国可进一步发掘的艺术品投资市场潜在需求大约为 2 万亿元，是目前我国艺术品市场总成交额的 4～5 倍。

——抓住建设海南国际文物艺术品交易中心的重大机遇，依托海南自由贸易港低税率政策，引入艺术品行业的展览、交易、拍卖等国际规则，加快建立中国海南国际文物艺术品交易中心，吸引国内外知名拍卖机构及投资者在交易中心开展业务。

——在通关便利、保税货物监管、仓储物流等方面给予政策支持。

（3）支持海南建立区域性知识产权交易市场。争取中央支持在海南全面适用《新加坡公约》等国际高标准知识产权保护规则，建立区域性知识产权交易所，积极吸引东盟国家的知识产权在海南开展定价、交易、融资等服务，并推动知识产权在海南或内地成果转化，以此吸引更多创新要素在海南集聚。

（4）研究在海南创建国际数据交易市场。依托中央赋予海南跨境数据安全有序流动的政策优势，研究建立面向东盟的数据交易所，开展数字版权确权、估价、交易、结算交付、安全保障、数据资产管理等服务，并争取中央支持赋予海南更加开放的跨境数据流动政策等。

（5）建立区域性碳交易市场。建议建立海南碳汇交易市场，加强与国际碳汇交易市场的合作，完善信息共享与沟通机制，助力区域内绿色发展。

（6）建立区域性航运交易市场。

——对标新加坡管理服务标准，在洋浦筹建集航运资讯、航运交易、航运金融等功能于一体的泛南海航运交易所。

——打造航运服务要素集聚平台，重点发展航运金融、航运信息服务、船舶交易、海事诉讼与仲裁等高附加值环节，构建高效的现代航运服务体系。

4. 在海南筹建区域性金融市场

（1）利用“支持符合条件的海南企业首发上市”政策，在海南建立面向“一带一路”的国际资本市场。

——出台实施该项政策的行动方案，并使之尽快落地。由此吸引有关国家尤其是东盟国家高成长性的企业进岛挂牌，打造对外投资便捷通道，服务包括东盟在内的企业投融资需求。

——吸引内外金融机构和金融人才集聚海南，建设区域性金融总部基地，探索资本市场运作新模式。

（2）利用“探索开展跨境资产管理业务试点”政策，在海南建立区域性的离岸财富管理中心。建议利用海南自由贸易港的金融开放政策以及 FT 账户，尽快开展个人跨境财富管理试点。这既有需求，也有可操作性。

——积极争取中央相关部委支持，允许欧美知名理财公司在海南以独资、合资、合作等形式开办私人银行等财富管理机构。

——允许在 FT 账户内自由投资境外市场。

——条件成熟时，建立面向国内市场与东盟市场的离岸财富管理中心。

四、区域性市场的政策需求与制度创新

1. 尽快将原产地政策具体化、法律化

（1）原产地政策的计算标准不具体，将降低企业对该项政策的利用率。例如，我国签订的中智、中巴、中国-新西兰、RCEP 等自贸协定

中，均使用累积计算规则。如果海南加工增值30%不适用累积计算规则，则该政策对东盟等与中国有自贸协定的国家吸引力不强。

（2）出台《海南自由贸易港原产地认定办法》。在明确“加工增值超过30%”计算公式的基础上，进一步明确在东南亚区域内的累积计算原则和加工工序认定标准。

2. 以完善支持政策为重点鼓励企业“走出去”

（1）出台相关支持政策。例如，针对“走出去”企业，设立海南自由贸易港对外投资基金；实行更加灵活的原产地政策，对在海南研发设计，在东盟国家生产、加工的产品，经海南进入内地免征进口关税。

（2）落实所得税政策。例如，放宽“新增境外直接投资取得的所得，免征企业所得税”政策，将农业等企业纳入适用范围；对总部设在海南、主要业务在东盟国家的相关企业、人才，将其在东盟国家开展商务活动的时间视为在海南居住时间，以此突破居住满183天的限制，享受最高不超过15%的个人所得税政策。与此同时，对面向东盟的区域性总部企业在办公场所和重大项目的建设用地上给予保障。

3. 以专业、高效、便利为目标构建区域性市场的服务体系

（1）成立法定机构性质的区域性市场开发管理局。专门负责区域性市场建设与区域性总部企业的服务管理，并实行企业化管理、市场化运作、目标绩效考核。

（2）在海南设立融资性金融机构。为“走出去”企业开展“信保+担保”融资，助力企业“走出去”参与区域产业链调整。

（3）以社会组织为平台建立企业“走出去”服务联盟。吸引专业的担保机构、会计与律师事务所、投资咨询公司、资产评估公司等企业入

驻，为走向东盟的企业提供一揽子专业服务。

（4）强化“走出去”企业的规范管理。鼓励企业按照环境、社会和公司治理（ESG）行为准则“走出去”与东盟开展投资合作。

五、尽快以早期安排取得早期收获

1. 争取支持将海南自由贸易港作为我国与 RCEP 成员国间的先行合作示范区

（1）货物贸易领域。抓住未来 1~2 年的时间窗口期，对标 RCEP 成员国最高承诺标准，扩大零关税覆盖范围，保持自由贸易港零关税政策优势。

（2）服务贸易领域。我国在 RCEP 中承诺 6 年内将服务贸易实现由正面清单向负面清单的过渡，建议尽快出台海南自由贸易港服务贸易跨境负面清单，并在 6 年内更大力度开展服务贸易开放探索，为我国全面实行跨境服务贸易负面清单提供标杆。

（3）投资领域。结合我国在 RCEP 投资准入的相关承诺，强化海南自由贸易港在投资准入的行政程序、行政措施、行政决定及产权保护、市场监管等规则对接，为内外投资者提供更加稳定透明的市场环境。

2. 对标 CPTPP 等高水平国际经贸规则，形成海南自由贸易港高水平开放的中长期优势

（1）率先探索 CPTPP 的相关规定。例如，海南自由贸易港应借鉴产权保护与知识产权保护领域的国际公约、条约及协定等，制定海南自由贸易港产权保护与知识产权保护规则。

（2）以高水平开放倒逼深层次市场化改革。明确提出海南自由贸易港在政府资金安排、土地供应、税费减免、资质许可、标准制定、项目申报、人力资源政策及政府采购、法律保护等方面，依法保障各类主体在非歧视环境下公平竞争。政府不得对国有企业与指定垄断企业进行差异化、选择性产业补贴。

3. 参照 RCEP，尽快将《海南自由贸易港建设总体方案》政策具体化

（1）推进支持企业“走出去”政策具体化。

——适应建立面向东盟的热带农产品保鲜、加工、储藏、出口基地需要，将农业等纳入“新增境外直接投资取得的所得，免征企业所得税”政策适用范围。

——对总部设在海南、主要业务在东盟国家的相关企业、人才，将其在东盟国家开展商务活动的时间视为在海南居住时间，享受最高不超过 15%的个人所得税政策。

——设立海南自由贸易港对外投资基金，对到东盟开展投资成本高、建设周期长、风险大的业务的企业，给予一定的财政贴息或一次性财政资金支持。

（2）参照 RCEP，推进投资政策具体化。

——参照 RCEP 规则，围绕投资保护、自由化、促进和便利化四个方面，进一步丰富外商投资准入负面清单，引入棘轮机制，探索建立与自由贸易港相适应的争端预防和外商投诉的协调机制。

——借鉴 RCEP 金融服务附件内容，结合《总体方案》、银发〔2021〕84 号文件等，制定海南自贸港跨境资本流动规则；明确在海南的外国投资者的出资、利润以及资本收益、资产处置等合法所得，可以

依法以人民币或者外汇自由汇入、汇出。

——尽快出台吸引区域性总部企业的专项政策，对注册在海南的区域性总部企业，通过加速折旧和摊销等多种方式使其企业税负下降至10%左右；尽快明确海南区域性总部企业在境外发行人民币债券的基本条件与相关程序规则。

——参考 RCEP 专业服务附件，强化专业服务业管理标准规则对接，制定面向东盟的企业差异化责任豁免目录；积极引进优质的旅游、医疗健康、教育、文化娱乐等企业在海南设立区域性总部，并尽快形成与跨境服务贸易配套的资金支付与转移制度。

（3）参照 RCEP，推进贸易政策具体化。

——对标 RCEP 关税减让清单，及时根据时代发展和海南实际，升级“一负三正”零关税清单，扩大零关税覆盖范围，释放政策红利。对标日本、新加坡等 RCEP 成员国承诺标准，制定与之标准相当的跨境服务贸易负面清单。

——借鉴 RCEP 海关程序与贸易便利化条款，制定海南自由贸易港海关查验程序与快速通关制度；与成员国港口和营运商达成报关、通关以及手续程序互认安排，便捷区域贸易合作，加快落实国际贸易“单一窗口”、国际投资“单一窗口”建设。

——参照 RCEP 规则，发布“增值 30%”的计算公式及相关定义，进一步研究明确是否适用累积计算规则，适时引入必要的工序标准。

推进 RCEP 与海南自由贸易港合作

韩潮光　海南日报报业集团副总编辑

2022 年 1 月 1 日，RCEP 正式生效，全球最大自贸区宣告诞生，为后疫情时代的地区和世界经济注入活力与动能。同为致力于高水平开放的海南，RCEP 生效后，全球最大自贸区和全球最大自贸港将深度碰撞，产生政策叠加效应，激发出更多开放红利。我相信它有无限的可能，既为经贸合作提供了大舞台，也为人文交流提供了大平台，更为媒体的交流合作创造了新的机遇。

我认为在以下方面我们可以继续发挥媒体更大的作用：

第一，致力于搭建一个开放的平台，不断推进与 RCEP 成员国之间媒体的友好合作。媒体领域的交流合作是 RCEP 各成员国合作的组成部分，在促进双边关系发展、增进文明交流互鉴方面扮演着重要角色。我们已经借助国际传播中心的抓手，跟全国近 200 多个媒体机构形成了比较稳定的合作关系，未来还将继续推进。RCEP 生效以后，各成员国之间的协作交流有了非常好的基础，国际传播中心也同样可以借助这样的机制，再上一个新的台阶。我们希望与 RCEP 各成员国的媒体深化合作内容、拓展合作领域、创新合作模式，为促进区域全面经济合作的持续稳定发展贡献更多媒体智慧与力量。

第二，推进“一城一媒”合作计划，共同讲好全球最大自贸区和全球最大自贸港故事。我们正积极推进“一城一媒”合作计划，致力于与海南的国际友城、RCEP 各成员国的媒体建立友好合作关系，在媒体内容互换互推、媒体渠道共用共享、媒体传播互动联动等方面开展深度合作，进一步讲好全球最大自贸区和全球最大自贸港合作共赢故事，助力海南自由贸易港和 RCEP 政策沟通和对接。

第三，举办高层次国际传播论坛活动，不断促进和深化 RCEP 媒体的交流。2022 年，我们希望通过策划举办高层级的国际传播论坛活动，不断促进深化和 RCEP 成员国之间的媒体交流。2022 年我们将策划举办海南范例中国故事、2022 自贸港国际传播论坛、“一带一路”新媒体高峰论坛等活动。理念是通过办一场活动、搭一个平台、建一批人脉、留一批成果，为自贸港的对外宣传传播发挥作用。

第四，在媒体的内容传播上，可能最重要的是在财经、产经新闻的国际交流。比如，RCEP 的规则和经贸互通方面，现在还存在严重的信息不对称的情况，区域间的媒体可以通过传播消除信息壁垒和鸿沟。在这方面，海南的媒体也应该把自贸港的经贸产业方面的传播作为重点来大力推进。

RCEP 与海南自由贸易港制度设计高度契合，海南自由贸易港将成为 RCEP 推进、实现协定区域高水平开放的试验田和先行区。同时，RCEP 也将对海南自由贸易港制度进行补充，促进海南自由贸易港实现更高水平开放。而媒体是促进海南自由贸易港和 RCEP 自贸区深度沟通和交流的桥梁纽带，我们希望与 RCEP 各成员国的媒体秉持“友好合作、开放包容、互学互鉴、互利共赢”的精神，一起合作，共同传播区域全面合作好声音、讲好区域全面合作新故事。

在海南建立面向东盟的区域性市场

中国（海南）改革发展研究院海南自由贸易港研究中心

一、把建立面向东盟的区域性市场作为推进海南自由贸易港建设的重要抓手

1. 服务于打造“重要开放门户”的战略目标，加快建立面向东盟的区域性市场。“将海南自由贸易港打造成为引领我国新时代对外开放的鲜明旗帜和重要开放门户”，是中央建立海南自由贸易港的战略目标与重大任务，抓手与突破口是建立面向东盟的区域性市场。一方面，建立面向东盟的区域性市场，使海南自由贸易港成为区域内商品要素配置、整合的大平台，以此明显提升海南自由贸易港的区域影响力、辐射力；另一方面，在亚太区域不稳定性、不确定性上升的情况下，充分发挥海南自由贸易港在促进经济交往中的独特作用，加强与东南亚深层次、多领域的区域合作，为构建“泛南海经济合作圈”的长远战略目标奠定重要基础。

2. 以建设面向东盟的区域性市场，将海南自由贸易港打造成为国内国际双循环的重要枢纽。东盟在我国开放发展格局中的重要性日益提升。

2020年，东盟首次成为我国第一大贸易伙伴；2021年第一季度，我国对东盟进出口增长26.1%，占我国外贸进出口总值的14.7%。从趋势上看，东盟成为承接我国产业转移的重点区域，也是最具活力、最具潜力的市场之一。预计到2030年，东盟GDP总量将达到6.6万亿美元，成为全球第四大经济体。在海南建立面向东盟的区域性市场，就是要充分发挥海南自由贸易港在连接两个市场、两种资源中的重要枢纽、重要交汇点的独特作用，并服务于国内大循环的效率和水平的提升。

3. 在建立面向东盟的区域性市场中形成做大经济流量与产业发展的良性互动。2020年，海南外贸依存度为16.9%，与全国31.6%、新加坡207.4%、中国香港301.7%的水平差距较大，货物贸易和服务贸易额分别仅占全国的0.29%、0.41%。建立面向东盟的区域性市场，将明显做大海南自由贸易港经济流量、做活市场，着力破解海南作为岛屿经济体市场空间小、物流成本高、产业体系不完善的先天短板，并加快形成产业发展和区域合作的良性互动。

二、在海南建立面向东盟的区域性市场既有需求，又有条件

面对全球性、区域性政治经济格局的深刻复杂变化，面对各方促进疫后经济复苏、联动发展的共同需求，依托海南自由贸易港独特的地缘、区位与开放政策优势，加快建立面向东盟的区域性市场。

1. 东盟国家关注海南自由贸易港建设。从东盟国家的意愿看，马来西亚、菲律宾均表示愿意与海南率先携手共建“泛南海经济合作圈”。2020年1月，新加坡前外长杨荣文在东盟高级研讨会上建议，“一旦《南海行为准则》谈成后，东盟各国可考虑在部分或整个海南岛成立一个南海经济合作区”。特别是在新冠肺炎疫情的冲击下，以外向型经济

为主导的东盟国家对借助中国市场实现自身经济复苏的需求有所增强。

2. 我国企业加大以东盟为重点的产业链和供应链布局。在大国博弈加剧、我国经济进一步转型升级等内外因素共同影响下，东盟成为承接我国对外投资与产业转移的主要区域。2019 年，我国对外直接投资的前 20 位国家中，有 7 个是东盟国家。特别是 RCEP 签署后，以东盟为重点的对外投资合作趋势更加明显。2021 年 1—2 月，我国企业对“一带一路”沿线国家非金融类直接投资 197.3 亿元人民币，同比增长 4.3%，且主要投向新加坡、马来西亚、越南、印度尼西亚等东盟国家。

3. 海南自由贸易港具有建立面向东盟的区域性市场的独特优势。

（1）地缘与区位优势。海南地处“泛南海经济合作圈”中心位置，具有自然资源丰富、地理区位独特以及背靠超大规模国内市场和腹地经济等优势，有条件成为连接中国市场与东盟市场的重要枢纽。

（2）政策与制度优势。2018 年以来，推进海南全面深化改革开放领导小组办公室会同海南省和有关部门已发布 110 多份政策文件支持海南自由贸易港建设，为建立面向东盟的区域性市场提供重要条件。

（3）经贸合作与人文交流基础良好。2018 年 4 月到 2020 年 3 月，海南对东盟进出口额达到 512.6 亿元，与上个两年相比增长 60.2%，是外贸整体增速（31.8%）的近 2 倍。同时，海南同乡会、海南会馆等海南元素社会团体遍布东盟地区，200 多个东南亚华人华侨组织与海南保持着经常性友好往来。

4. 抓住 RCEP 的时间窗口期，以建立面向东盟的区域性市场尽快形成自身优势。RCEP 实施将为企业“走出去”利用东盟国家劳动力与资源要素提供更加稳定透明的制度环境。建议抓住 RCEP 全面落实前的时间窗口期，率先实现面向东盟的旅游、农产品、金融等区域性市场的重要突破，形成海南自由贸易港在中国与东盟经贸合作中的先发优势，并为中长期构建“泛南海经济合作圈”奠定重要基础。

三、以务实举措，尽快实现建立面向东盟的区域性旅游、商品和要素市场的重大进展

1. 率先实现区域性旅游市场建设的重要突破。

（1）加快三亚国际邮轮母港建设，支持三亚邮轮母港建设主体通过在境外发行人民币债券方式筹集建设资金，为疫后构建国际邮轮旅游大网络创造条件。

（2）在新冠肺炎疫情稳定的情况下，争取中央支持海南率先与马来西亚、菲律宾、新加坡、越南、泰国等国家的岛屿地区开展邮轮旅游合作，推动实现客源共享和互送、邮轮航线联合营销、邮轮旅游危机管理合作、人员入境相互免签、旅游人才联合培养等，构建双边多边旅游合作网络。

（3）争取中央支持并协调与香港共建免税购物消费产业链，使海南成为面向国内及东盟的中高端免税购物消费中心。

（4）用好发改体改〔2021〕479 号文件相关政策，培育海南旅游消费新的吸引力和增长点，建成区域性医美、健康、教育、文化娱乐等服务型消费市场。

2. 建立以农产品为重点的区域性商品市场。

（1）抓住 RCEP 时间窗口期，吸引国内外龙头企业在海南投资一批集加工、包装、保鲜、物流、研发、示范、服务等相互融合和全产业链的农业产业化项目，通过零关税和原产地政策进口东南亚国家的农产品在海南进行精深加工，使产品增值 30%以上再免关税进入内地。

（2）落实发改体改〔2021〕479 号文件，尽快出台建立海南国际文

物艺术品交易中心的行动规划，引入艺术品行业的展览、交易、拍卖等国际规则，吸引国内外知名拍卖机构及投资者在交易中心开展业务，在通关便利、保税货物监管、仓储物流等方面给予政策支持。

（3）争取将燕窝纳入国人离岛免税购物清单和岛内居民日用消费品免税清单，培育旅游消费新增长点；鼓励国内和东盟有实力的燕窝企业在海南发展销售和深加工等高增值环节，并逐步建立海南版燕窝品质标准、交易规则。

3. 建立以各类交易场所为重点的区域性金融市场。

（1）争取中国证监会支持，在海南建立以天然橡胶为重点的热带农产品交易所，为东盟国家提供交易、交割、定价、结算、风控等一站式服务，使海南成为区域性天然橡胶的交易与定价中心。以此为基础，带动形成覆盖热带农产品种类的期货现货交易所，服务全球热带农业中心建设。

（2）利用“支持符合条件的海南企业首发上市”政策，尽快出台行动方案，支持在海南设立证券经纪、投资银行、证券投资咨询等证券服务机构与融资性金融机构，建立面向“一带一路”的国际债券市场与资本市场。

（3）利用“探索开展跨境资产管理业务试点”政策，尽快开展个人跨境财富管理试点，允许欧美知名理财公司在海南以独资、合资、合作等形式开办私人银行等财富管理机构，建立面向国内市场与东盟市场的财富管理中心。

4. 建立面向东盟的区域性创新要素市场。

（1）争取中央支持率先在海南对民事主体、商事主体适用《新加坡公约》等国际高标准知识产权保护规则，建立区域性知识产权交易所，积极吸引东盟国家的知识产权在海南开展定价、交易、融资等服务，并推动知识产权在海南或内地成果转化，以此吸引更多创新要素在海南集聚。

（2）依托中央赋予海南跨境数据安全有序流动的政策优势，研究建立面向东盟的数据交易所，开展数字版权确权、估价、交易、结算交付、安全保障、数据资产管理等服务。

（3）依托海南碳汇资源，研究建立海南国际碳汇交易所，在全国率先实现碳达峰、碳中和。

5. 适时放开面向东盟的劳动力市场。

（1）适时放开面向东盟的家政服务市场，通过配额管理、完善社会治安管理制度等方式，在海南率先引入菲佣等技能型外籍劳工，为国际化人才和海南中高收入家庭提供优质家政服务。

（2）在海南率先探索开展职业技术移民积分制，取消现有“聘用外国人从事的岗位应是有特殊需要、国内暂缺适当人选”等规定，开设面向东南亚国家的来华留学生学习、实习、就业绿色通道，吸引留学生落户海南。

四、以《海南自由贸易港建设总体方案》政策具体化为重点，形成建立面向东盟的区域性市场的大环境

1. 将《总体方案》相关政策具体化，形成建立面向东盟区域性市场的政策支持体系。《总体方案》形成了海南自由贸易港政策制度体系的基本框架，并为建立面向东盟的区域性市场提供重要条件，但部分政策具体化进程滞后掣肘区域性市场建设。例如，《总体方案》提出“支持建设邮轮旅游试验区”。从实际情况来看，海南邮轮产业支持政策主要以补贴为主，既缺乏产业发展规划指导，在邮轮购置、航线开辟、邮轮船供、产业基金设置等方面也缺乏针对性具体政策，与上海、天津、广

州等发达地区相比，政策竞争力明显不足。再如，《总体方案》赋予海南自由贸易港加工增值超过30%（含）的货物免征关税政策，但由于计算规则、工序标准等不明确，政策红利尚未释放。

2. 推动支持企业“走出去”政策具体化。

（1）尽快形成海南自由贸易港原产地政策实施细则，明确适用累积计算规则，适时引入加工工序标准，并探索对在海南研发设计，在东盟国家生产、加工的产品，经海南进入内地免征进口关税。

（2）适应建立面向东盟的热带农产品保鲜、加工、储藏、出口基地需要，将农业等纳入“新增境外直接投资取得的所得，免征企业所得税”政策适用范围。

（3）对总部设在海南、主要业务在东盟国家的相关企业、人才，将其在东盟国家开展商务活动的时间视为在海南居住时间，享受最高不超过15%的个人所得税政策。进一步拓宽零关税产品范围，对由国内企业到境外投资设厂的商品，进入海南给予零关税政策。

（4）加大对开展境外投资的海南企业的政策支持力度，设立海南自由贸易港对外投资基金，对到东盟开展农业种植、资源加工等投资成本高、建设周期长、风险大的企业，给予一定的财政贴息或一次性财政资金支持。

3. 以推进跨境资金自由便利流动政策具体化为重点，吸引总部企业集聚海南。

（1）按照银发〔2021〕84号文件的要求尽快出台海南自由贸易港跨境人民币兑换细则标准。明确在海南的外国投资者的出资、利润以及资本收益、资产处置等合法所得，可以依法以人民币或者外汇自由汇入、汇出。

（2）加快开展本外币和跨境资金池业务试点，率先支持旅游、数字经济、商贸物流、医疗健康等领域企业跨境人民币余缺调剂和归集业务，建立重点行业境外投资及资金出入境审批绿色通道。

（3）尽快出台吸引区域性总部企业的专项政策。对注册在海南的区域性总部企业，通过加速折旧和摊销等多种方式，使其企业所得税下降至10%左右；尽快明确海南区域性总部企业在境外发行人民币债券的基本条件与相关程序规则。

（4）强化市场管理标准规则对接，制定面向东盟的企业差异化责任豁免目录，积极引进优质的旅游、医疗健康、教育、文化娱乐等企业在海南设立区域性总部，并尽快形成与跨境服务贸易配套的资金支付与转移制度。

4. 对标CPTPP，推进更大力度的政策与制度集成创新。

（1）加快在海南自由贸易港全面确立竞争中性原则，进一步研究改进补贴政策框架。明确提出海南自由贸易港在政府资金安排、土地供应、税费减免、资质许可、标准制定、项目申报、人力资源政策及政府采购、法律保护等方面，依法保障各类主体在非歧视环境下公平竞争。政府不得对国有企业与指定垄断企业进行差异化、选择性产业补贴。

（2）争取中央支持赋予海南更加开放的跨境数据流动政策，在跨境数据流动、电子商务规则、消费者隐私权保护等方面先行先试，带动数字内容产业、数字服务业、数字金融业发展。

（3）支持海南自由贸易港对标CPTPP环境保护规则，建立涉及濒危野生动植物贸易、臭氧层保护等的相关机制。强化与泛南海区域在海洋环保规则标准的协调，争取率先同有条件的地区签订地方层面且具有强制力的海洋环保公约。

5. 以专业、高效、便利为目标，构建区域性市场的服务体系。

（1）支持在海南成立法定机构性质的区域性市场开发管理局，专门负责区域性市场建设与区域性总部企业的服务管理，并实行企业化管理、市场化运作、目标绩效考核。

（2）积极争取中央支持，在海南设立融资性金融机构，为“走出去”企业开展“信保+担保”融资，助力企业“走出去”参与区域产业链调整。

（3）支持以社会组织为平台建立企业“走出去”服务联盟，吸引专业的担保机构、会计与律师事务所、投资咨询公司、资产评估公司等企业入驻，对走向东盟的企业提供一揽子专业服务。

（4）强化“走出去”企业的规范管理，鼓励企业按照环境、社会和公司治理（ESG）行为准则“走出去”与东盟开展投资合作。

6. 力争实现海南自由贸易港与新加坡经贸合作突破。

（1）推动海南自由贸易港与新加坡自由贸易园区签订涵盖货物、服务、投资、海洋、电子商务、竞争政策等高水平自由贸易安排。

（2）引入新加坡运营团队及管理标准。例如，在城市规划、港口运营、人才培养等领域尽快形成具体合作项目清单；支持海南11个重点园区同新加坡相关自由贸易园区通过委托经营、合作管理等方式开展战略合作。

（3）加强海南与新加坡智库交流合作，开展学术互访、合作研究、互派学者等合作。

（4）尽快制定针对新加坡的“单向标准认可清单”，允许新加坡服务业企业、具备相关职业资格的人员，在海南备案审核后直接开展相关经营与业务活动，吸引新加坡华裔人才回流。

RCEP 框架下深化海南自由贸易港与东南亚区域合作

中国日报社、中国（海南）改革发展研究院课题组

在新冠肺炎疫情严重冲击经济全球化与世界经济增长的背景下，RCEP 如期签署，适应了世界经济活动重心向亚太区域转移的客观趋势，不仅对区域内经济增长和自由贸易产生重大利好，也对促进全球经济复苏、维护多边贸易体制发挥重要积极作用，并为加强海南自由贸易港与东南亚区域合作提供多方面条件。

依托海南自由贸易港独特的区位优势，做好自由贸易港政策制度与 RCEP 协定的叠加集成，使海南自由贸易港尽快成为连接两个市场、两种资源中的重要开放门户，促进东南亚国家与中国双循环发展的有效对接，这不仅有利于双方，也有利于世界。

一、加强海南自由贸易港与东南亚区域合作的重大影响

依托海南自由贸易港独特的地缘、区位与开放政策优势，加强海南自由贸易港与东南亚区域合作，既具有现实性，又具有迫切性。

1. 促进区域内经济复苏与增长的共同需求

（1）新冠肺炎疫情严重冲击区域内经济增长。突如其来的新冠肺炎疫情对以外向型经济为主的东南亚国家经济造成了严重冲击。2020 年，东南亚 GDP 增速为-3.3%，其中东盟五国为-3.4%，是自 1998 年以来经济首次负增长。

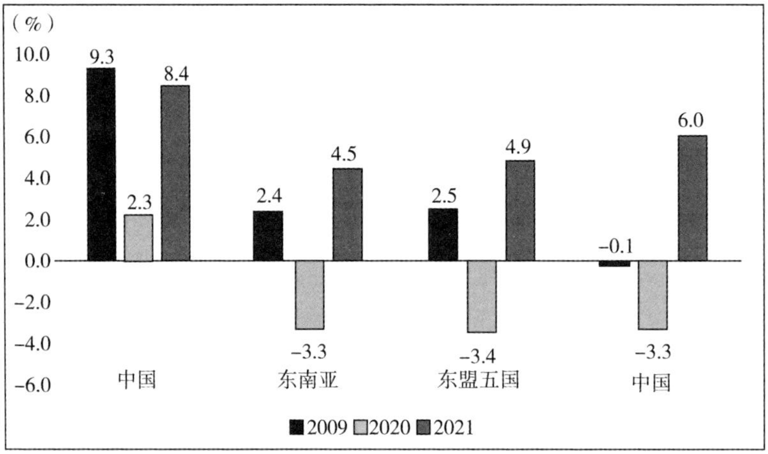

图 1：2009 年、2020 年 GDP 增速及 2021 年预测

数据来源：IMF2021 年 4 月《世界经济展望》数据库。

（2）区域内经济复苏与增长仍面临较大不确定性。就东南亚经济复苏而言，稳定的外部环境与外部市场需求至关重要。2020 年，东盟国家商品出口额占 GDP 的比重为 45.4%，远高于同期世界平均水平的 20.8%。根据 IMF 2021 年 4 月《世界经济展望》数据显示，2021 年东南亚国家 GDP 将实现 4.5%的增速，其中东盟五国为 4.9%。

（3）海南自由贸易港与东南亚区域合作的现实意义。一方面，未来 5~10 年，中国 14 亿人巨大内需市场潜力释放将为全球经济注入重要动力。预计“十四五”期间，中国将成为全球第一大商品消费市场。另一

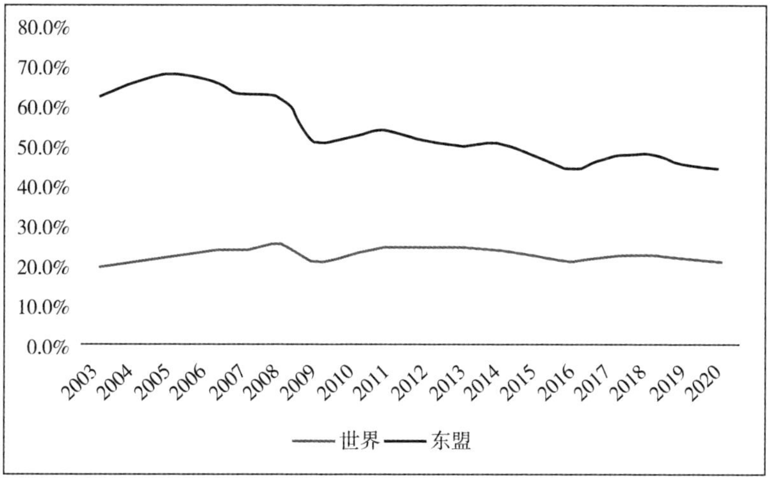

图 2：东盟与世界商品出口额占 GDP 比重对比

数据来源：联合国贸易发展会议数据库。

方面，海南自由贸易港建设既为中国企业拓展国际市场创造重要机遇，也为东盟国家借助海南自由贸易港分享中国大市场提供重要平台。

2. 服务于国内国际双循环新发展格局的重要举措

（1）东盟在中国开放发展格局中的地位作用日益提升。2010 年以来，中国-东盟双边货物贸易额由 2928. 4 亿美元增长至 2019 年的 6415 亿美元，占中国货物贸易额的比重由 9. 8%提升至 14. 4%。2020 年，中国-东盟双边货物贸易额实现 6. 7%的增长，占中国货物贸易总额的比重进一步提升至 14. 7%。东盟首次成为中国最大贸易伙伴。

（2）双循环新发展格局蕴藏着中国-东盟经贸合作的巨大潜力。当前，东盟已成为承接我国对外投资与产业转移的重点区域。2020 年，中国对东盟全行业直接投资 143. 6 亿美元，同比增长 52. 1%。预计未来 10 年，东盟地区将成为世界第四大经济体。到 2030 年，东盟 GDP 将达到

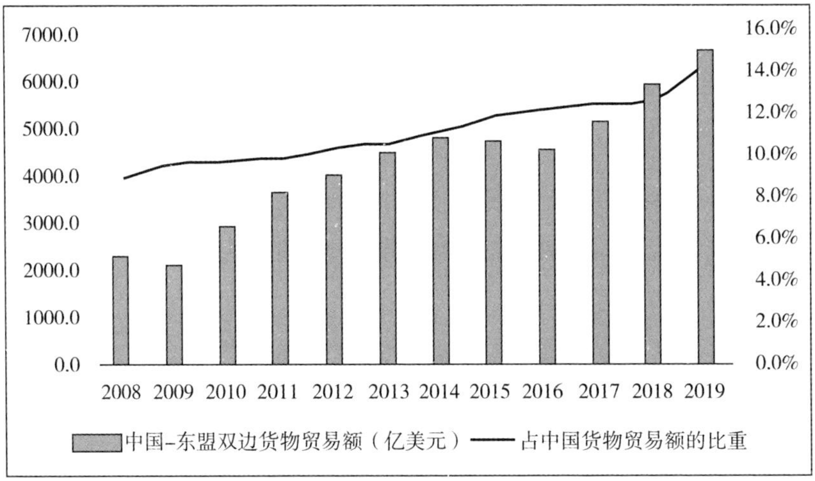

图 3：2008—2019 年中国-东盟双边贸易情况

数据来源：联合国贸发会议数据库，UNCTAD。

4.5 万亿美元。

（3）发挥海南自由贸易港在连接两个市场、两种资源中的独特作用。海南与东盟地缘相近，不仅具有自然资源丰富、地理区位独特，以及背靠超大规模国内市场和腹地经济等优势，也具有全面深化改革和试验最高水平开放政策的优势。2018 年 4 月—2020 年 3 月，海南与东盟进出口额达到 512.6 亿元，与上个两年相比增长 60.2%，是外贸整体增速的近 2 倍。未来，海南自由贸易港将在连接中国-东盟两个市场、两种资源中扮演重要枢纽、重要交汇点的独特角色。

3. 实现海南自由贸易港做大经济流量与产业发展的良性互动

适应东盟市场在我国开放发展中的地位日益提升的大趋势，以推动自由贸易港政策高效落地为重点，积极吸引人流、物流、资金流，做大经济流量，成为海南自由贸易港建设的务实选择。到 2025 年，若我国与东盟双边贸易与直接投资有 20%左右在海南实现，将带来 1400 亿美元的货物流与近 50 亿美元的资金流，在明显提升海南经济流量的同时，吸引国内外各类总部型企业集聚海南并开展相关业务，由此形成海南自由贸易港现代产业体系。

二、推进 RCEP 框架下海南自由贸易港与东南亚区域合作进程

在率先全面落实 RCEP 规则内容基础上，积极同东南亚国家开展 RCEP 框架下双边、多边、区域合作，有利于提升海南自由贸易港国际化水平与高水平开放预期，并尽快取得 RCEP 的“早期收获”。

1. 率先在海南自由贸易港全面落实 RCEP

（1）争取支持将海南自由贸易港作为我国与 RCEP 成员国间的先行合作区。这不仅能更加体现我国向世界开放的决心，也有利于强化各方对建设海南自由贸易港的信心，并形成海南自由贸易港高水平开放与制度集成创新的硬约束。

（2）率先在海南自由贸易港全面落实中国在 RCEP 中的承诺内容。例如，结合海南自由贸易港服务贸易开放政策，对照我国在 RCEP 中的服务贸易开放承诺表，形成与国际接轨的更加开放透明的跨境服务贸易负面清单。结合我国在 RCEP 投资准入的相关承诺，强化海南自由贸易港在投资准入的行政程序、行政措施、行政决定及产权保护、市场监管等规则对接，为国内外投资者提供更加稳定透明的市场环境。

（3）在参照 RCEP 规则基础上形成海南自由贸易港开放新优势。例如，对标 RCEP 灵活、便利的原产地规则，进一步细化海南自由贸易港加工增值免关税政策；优化海南自由贸易港零关税清单，加快征税商品

目录制定工作，并及时调整升级；对标 RCEP 成员国最高承诺标准，逐步扩大零关税覆盖范围，保持自由贸易港零关税政策优势。

2. 在 RCEP 框架下推进与东盟国家的双边合作进程

（1）东盟国家高度关注海南自由贸易港建设。从东盟国家的意愿看，马来西亚、菲律宾均表示愿意与海南率先携手合作。中国日报社媒体大数据分析显示，对涉海南东盟区域合作关注度最高的国家和地区分别为美国、中国香港、新加坡、印度和印度尼西亚。

（2）以服务贸易为重点推进海南自由贸易港与新加坡全面合作。

——建立与新加坡接轨的服务业管理标准体系；制定面向新加坡的"单向标准资格认可清单"，在明确底线标准的前提下，在医疗、健康、教育、金融、旅游等领域实现与新加坡管理标准、资格认定的全面对接。

——在城市规划、港口运营、人才培养等领域尽快形成具体合作项目清单；支持海南 11 个重点园区同新加坡相关自由贸易园区通过委托经营、合作管理等方式开展战略合作。

——积极吸引新加坡海事仲裁、海事金融、航运科技等企业在海南设立分支机构；以洋浦港为重点，积极同新加坡联合打造海洋船舶制造和维修产业链；积极争取与新加坡海关当局达成检验、检疫相互认可协议，在通关数据互联互通上实现一次检验、两地放行。

（3）务实推动与东盟国家双边海洋旅游合作。开发海南至菲律宾的"飞机+邮轮""母港+访问港"等邮轮航线；建立海南岛-兰卡威岛、海南岛-纳闽岛旅游经济合作体，共同打造国际化旅游产品，开辟岛屿间的邮轮航线和邮轮旅游产品，简化邮轮旅游通行证办理；加强海南和马来西亚空港、海港方面的合作，构建区域物流体系。

（4）务实推动与东盟国家双边海洋经济合作。共建具有自贸区性质的海洋产业园区、海洋高端装备保税港区、海洋经济合作示范区、以海洋产业为重点的工业港区等；发展健康医疗、教育、文化娱乐等生活性服务业和金融保险、航运物流、跨境电商等服务贸易。

3. 加强 RCEP 框架下海南自由贸易港与东盟次区域合作

（1）务实推进数字经济领域合作。

——数字经济合作既有需求又有潜力。一方面，东南亚已成为全球数字经济增长最快的区域之一，预计到 2025 年，东南亚数字经济规模有望突破 3000 亿美元。另一方面，中国已成为全球第二大数字经济体，2020 年中国数字经济规模同比增长 9.5%，占 GDP 的比重达 38.6%。未来，推动海南自由贸易港与东南亚国家次区域间的数字经济合作有较大空间。

——加快同有条件的东盟国家或地区共建数字自由贸易园区。在 RCEP 电子商务框架下，引导国内互联网企业在海南同东盟国家共同建立跨境“数字自由贸易园区”“数字经济合作园区”等，开展数字技术、数字基础设施、数字服务等项下的自由贸易。同时，加大在无纸化贸易、消费者保护、网络安全等领域的探索。

——参考 RCEP，强化数字贸易规则内外衔接。探索同东盟国家或地区签署数字领域的信任协定、认可服务经营商、争端解决机制协定等。在《电子商务法》《网络安全法》等上位法的框架下，利用特区立法权，制定与 RCEP 电子商务规则兼容的数字贸易条例。

（2）共建岛屿旅游发展联盟。

——中国旅游消费大市场成为东盟国家关注的重点。2020 年东盟国际游客数量同比下降 82%。建议在疫情稳定后，率先与马来西亚、菲律宾、新加坡、越南、泰国等国家的岛屿地区开展邮轮旅游合作，实施游客互换、资源共享计划与国际旅游市场联合营销计划，加快推进旅游服务标准对接、一体化旅游线路设计、人员跨境流动便利化等，构建区域性旅游合作网络。

——与香港共建免税购物消费产业链，全面引入香港免税购物消费管理标准，建立以消费者保护为核心的法治环境，使海南成为面向国内及东盟的中高端免税购物消费中心。

——加快三亚国际邮轮母港建设，支持三亚邮轮母港建设主体通过在境外发行人民币债券方式筹集建设资金，为新冠肺炎疫情后构建国际邮轮旅游大网络创造条件。

（3）积极与东盟有条件的国家或地区打造跨境渔业产业链。在RCEP框架下，利用RCEP通关便利化规则及海南自由贸易港零关税、原产地规则等政策，吸引东盟企业在海南投资渔业产业化项目；采用“早期收获计划”、地方政府框架协议、产业项下的自由贸易政策等多种形式，推动建立远洋渔业基地，探索大型拖网联合加工作业、联合捕捞作业。

（4）积极开展“海南+新加坡+第三方市场”合作。探索同新加坡有关部门共同制定“第三方市场合作框架协议”，对第三方市场合作的原则、程序、标准、合作机制、利益分配等做出明确安排，共同开展第三方市场内的产能合作与服务贸易。联合打造第三方合作数字平台，建立第三方重点国别信息库和企业信息库，促进第三方市场合作供需有效对接。

4. 以公共服务为重点强化海南自由贸易港与东盟多边合作

（1）强化公共卫生多边合作。着眼于新冠肺炎疫情防控常态化的现实需求，吸引整合全国疾病预防控制和公共卫生风险防控高端资源，加快建设面向东盟国家的区域公共卫生风险防控信息中心、区域公共卫生应急联络中心、区域疾病预防控制高等级实验室；建设区域性抗疫物资生产、储备、研发的合作基地，强化与东盟在高端医疗技术及药品器械研发、试验、技术交流、抗疫物资、应急响应等方面的协调合作。

（2）强化海洋安全领域的多边合作。共同发布海上安全合作倡议；建设岛屿港口、避风码头及避风锚地，打造海上安全信息发布平台，向周边国家和过往船只提供公共服务；探索在海南本岛同东盟国家联合建立应急救援装备示范园；探索建立海南同东盟国家地方政府间海事应急联络机制。

（3）强化海洋生态环境保护的多边合作。在海南建立中国-东盟海洋生态环境管理办公室，承担南海海域跨区域海洋生态监测、提示、修复方案指导等职能，并在联合国海洋法公约框架下积极同东盟签署海洋环境保护框架性议定书；积极开展海洋环境监测、入海污染物处理技术、海洋生态灾害防治、海洋生态恢复等领域合作。

（4）积极打造多边对话机制平台。争取增加博鳌亚洲论坛年会东南亚区域合作活动安排。加强海南自由贸易港智库与东盟国家智库的交流合作，围绕"海南自由贸易港与东南亚区域合作"等课题开展合作研究、学术互访、访问研究等。在海南打造面向东盟的渔民教育培训基地，对东南亚各国渔民开展渔业养殖捕捞、生态环境保护、应急救援等领域的公益性培训。

三、在海南自由贸易港加快建立面向东盟的区域性市场

服务于加强海南自由贸易港与东南亚区域合作的现实需求，尽快在海南自由贸易港建立面向东盟的区域性市场，是推进与东盟间的双边、

多边、区域合作的关键之举。

1. 建立以农产品为重点的区域性商品市场

（1）有效应对RCEP生效后农产品零关税冲击。联合国粮农组织数据显示，2019年RCEP成员国农产品总产量占世界的20.1%。中国、新西兰、日本等都是传统的农产品贸易大国，东盟国家大多数都是农业资源丰富的国家，是大米、水果、棕榈油、咖啡、水产品等的主产地。RCEP生效后，东南亚国家的产品尤其是农产品的成本将低于海南。这就需要尽快形成海南农业差异化发展新突破。

（2）在海南建立面向东盟的热带农产品保鲜、加工、储藏、出口基地。吸引国内外龙头企业在海南投资一批集加工、包装、保鲜、物流、研发、示范、服务等相互融合和全产业链的农业产业化项目，通过零关税和原产地政策进口东南亚国家的农产品在海南进行精深加工，使产品增值30%以上再免关税进入内地。

2. 建立面向东盟的各类交易市场

（1）建立以天然橡胶为重点的热带农产品交易所。2019年，泰国、印度尼西亚、越南三国天然橡胶产量合计约占全球的70%。2019年，我国橡胶消费量占全球的40%。目前，天然橡胶期货交易在上海期货交易所，其年成交金额为13.10万亿元。建议争取证监会支持在海南建立天然橡胶交易所，为东盟国家提供交易、交割、定价、结算、风控等一站式服务。

（2）建立海南国际文物艺术品交易中心。抓住建设海南国际文物艺术品交易中心的重大机遇，依托海南自由贸易港低税率政策，引入艺术品行业的展览、交易、拍卖等国际规则，尽快出台行动规划，加快建立国际文物艺术品交易中心。

（3）建立区域性知识产权交易市场。参照 RCEP 知识产权规则，加快出台涵盖著作权、商标、地理标志、专利、外观设计、遗传资源、传统知识和民间文艺、反不正当竞争、知识产权执法、合作、透明度、技术援助等的《海南自由贸易港知识产权保护条例》。争取支持在海南适用《新加坡公约》等国际高标准知识产权保护规则，建立区域性知识产权交易所，吸引东盟国家知识产权在海南开展定价、交易、融资等服务，并推动知识产权在海南或内地成果转化。

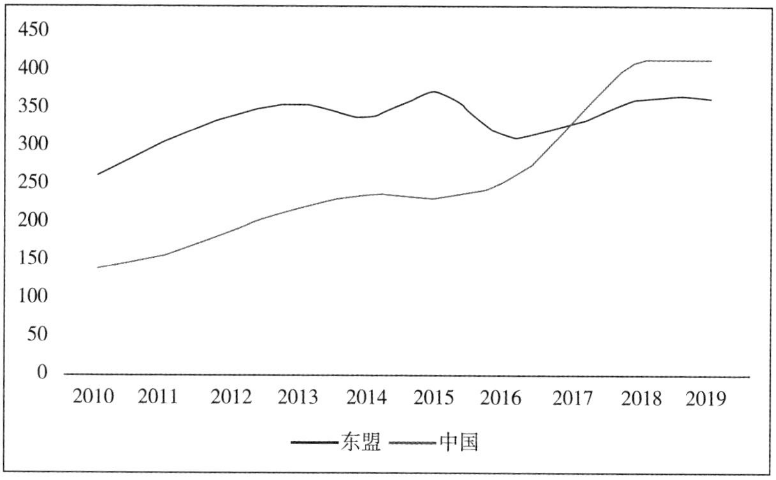

图 4：2010—2019 年中国与东盟知识产权服务贸易额（单位：亿美元）

数据来源：WTO 数据库。

（4）研究在海南创建国际数据交易市场。依托中央赋予海南跨境数据安全有序流动的政策优势，研究建立面向东盟的数据交易所，开展数字版权确权、估价、交易、结算交付、安全保障、数据资产管理等服务，并争取中央支持赋予海南更加开放的跨境数据流动政策等。

（5）建立区域性碳交易市场。建议建立海南碳汇交易市场，加强与国际碳汇交易市场的合作，完善信息共享与沟通机制，助力区域内绿色发展。

（6）建立区域性航运交易市场。对标新加坡管理服务标准，在洋浦筹建集航运资讯、航运交易、航运金融等功能于一体的泛南海航运交易所；打造航运服务要素集聚平台，重点发展航运金融、航运信息服务、船舶交易、海事诉讼与仲裁等高附加值环节，构建高效的现代航运服务体系。

3. 筹建区域性金融市场

（1）建立国际资本市场。利用“支持符合条件的海南企业首发上市”政策，尽快出台行动方案。吸引有关国家尤其是东盟国家高成长性的企业进岛挂牌，打造对外投资便捷通道，服务包括东盟在内的企业投融资需求。

（2）建立区域性的离岸财富管理中心。一方面，中国个人财富管理需求全面快速增长，预计 2025 年，中国个人金融资产有望达到 332 万亿元。另一方面，东南亚正成为全球新中产阶层的聚集地之一，财富管理潜在需求较大。建议利用“探索开展跨境资产管理业务试点”等政策，尽快在海南开展个人跨境财富管理试点。

4. 适时放开面向东盟的劳务市场

菲律宾、印度尼西亚、柬埔寨等是全球劳务派遣服务大国。受新冠肺炎疫情影响，菲律宾马尼拉有 40 万 ~60 万菲佣失业。建议适应各方需求，适时放开面向东盟的劳务市场。例如，通过配额管理、完善社会治安管理制度等方式，在海南率先引入菲佣等技能型外籍劳工，为国际化人才和海南中高收入家庭提供优质家政服务；争取支持在海南率先探索开展职业技术移民积分制；开设面向东南亚国家的来华留学生学习、实习、就业绿色通道。

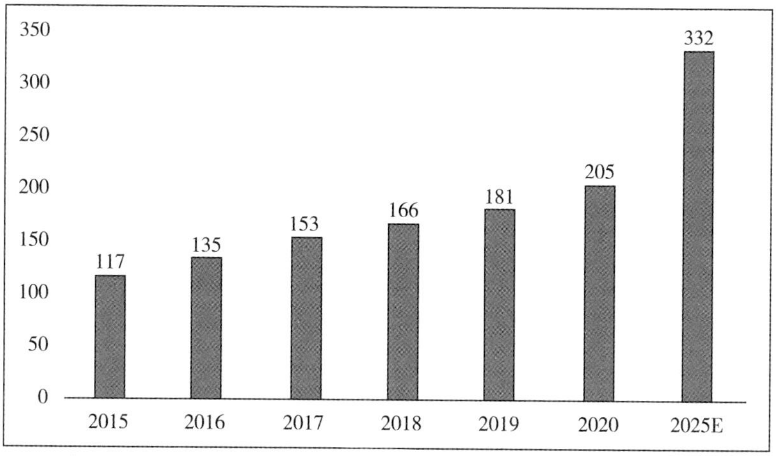

图 5：2015—2025 年中国个人金融资产（单位：万亿元人民币）

数据来源：WTO 数据库。

5. 参照 RCEP 尽快将《海南自由贸易港建设总体方案》政策具体化

（1）推进支持企业“走出去”政策具体化。适应建立面向东盟的热带农产品保鲜、加工、储藏、出口基地需要，将农业等纳入“新增境外直接投资取得的所得，免征企业所得税”政策适用范围；对总部设在海南、主要业务在东盟国家的相关企业、人才，将其在东盟国家开展商务活动的时间视为在海南居住时间，享受最高不超过 15%的个人所得税政策；设立海南自由贸易港对外投资基金，对到东盟开展投资成本高、建设周期长、风险大的业务的企业，给予一定的财政贴息或一次性财政资金支持；鼓励企业按照 ESG 行为准则“走出去”与东盟开展投资合作。

（2）参照 RCEP 推进投资政策具体化。

——参照 RCEP 规则，围绕投资保护、自由化、促进和便利化四个方面，进一步丰富外商投资准入负面清单，引入棘轮机制，探索建立与自由贸易港相适应的争端预防和外商投诉的协调机制。

——借鉴 RCEP 金融服务附件内容，结合《海南自由贸易港建设总体方案》等，制定海南自由贸易港跨境资本流动规则；明确在海南的外国投资者的出资、利润以及资本收益、资产处置等合法所得，可以依法以人民币或者外汇自由汇入、汇出。

——尽快出台吸引区域性总部企业的专项政策，对注册在海南的区域性总部企业，通过加速折旧和摊销等多种方式使其企业税负下降至10%左右；尽快明确海南区域性总部企业在境外发行人民币债券的基本条件与相关程序规则。

——参考 RCEP 专业服务附件，强化专业服务业管理标准规则对接，制定面向东盟的企业差异化责任豁免目录；积极引进优质的旅游、医疗健康、教育、文化娱乐等企业在海南设立区域性总部，并尽快形成与跨境服务贸易配套的资金支付与转移制度。

（3）参照 RCEP 推进贸易政策具体化。

——对表 RCEP 关税减让清单，及时根据时代发展和海南实际，升级“一负三正”零关税清单，扩大零关税覆盖范围，释放政策红利。对标日本、新加坡等 RCEP 成员国承诺标准，制定与之标准相当的跨境服务贸易负面清单。

——借鉴 RCEP 海关程序与贸易便利化条款，制定海南自由贸易港海关查验程序与快速通关制度；与成员国港口和营运商达成报关、通关以及手续程序互认安排，便捷区域贸易合作，加快落实国际贸易“单一窗口”、国际投资“单一窗口”建设。

——参照 RCEP 规则，发布“增值 30%”的计算公式及相关定义，进一步研究明确是否适用累积计算规则，适时引入必要的工序标准。

6. 对标 CPTPP 高水平经贸协定，开展更高层次区域合作

在全面落实 RCEP 的基础上，支持海南在服务贸易、竞争中性、环境保护、社会治理等领域率先适用 CPTPP 的部分条款，推进更高水平的双边、区域经贸合作。

以对标 CPTPP 为例的行动方案与路线研究

中国特色自由贸易港研究院课题组

习近平总书记在第四届中国国际进口博览会开幕式上的主旨演讲中提出，中国将在自由贸易试验区和海南自由贸易港做好高水平开放压力测试。新形势下，主动适应国际经贸规则重构的新趋势，以对标 CPTPP 为重点开展高水平开放压力测试，不仅是落实中央要求的实际举措，也是海南自由贸易港建设的特别之举。

海南自由贸易港做好高水平开放压力测试，要以强化竞争政策基础性地位为主线，以“边境后”规则对接为重点，以跨境服务贸易负面清单制度创新为突破口，为我国开展 CPTPP 谈判、出价提供先行试验，并率先形成高水平、制度型开放新格局。

一、对标高标准国际经贸规则，开展高水平开放压力测试

1. CPTPP 有可能成为高标准区域经贸规则构建的重要蓝本。CPTPP 是基于 WTO 项下的协定和义务，致力于推进贸易投资自由化便利化、维护市场开放、促进就业与经济增长，并通过高标准、边境内、强约束的规则安排体现全面性与进步性，以适度灵活性规则安排增强其对发展中国家的吸引力。随着 CPTPP 的逐步扩容，其在全球经贸规则重构中的影

响力将逐步提升。

2. 我国加入CPTPP将获得巨大收益，但谈判仍面临多方面的困难和挑战。初步测算，我国加入CPTPP将会拉动GDP增长0.48个百分点，出口提升2.23个百分点，吸引外商直接投资存量提升0.81个百分点，并将实现与RCEP、CAFTA等自贸协定的叠加，形成更广泛、更紧密的亚太经贸合作网络，有助于我国在大国博弈中占据主动。从实际看，我国加入CPTPP谈判可能面临着比20年前加入WTO时更加复杂、困难的局面。

3. 用好海南全岛建设自由贸易港这一“压力测试实验室”的突出优势。在既有生活形态，又有生产形态的全岛范围内，全面对标CPTPP，将有效防范在综合保税区等仅有生产形态的区域内探索开放而造成的压力测试不完全、碎片化及失真等问题；特别是为封关运作后确保压力测试过程平稳、防范对内地风险输入提供重要条件。同时，《海南自由贸易港法》赋予海南省人大及常委会海南自由贸易港法规制定权，将为海南自由贸易港开展“边境内”规则压力测试，实现为法治与改革的双轮驱动提供重要条件。

4. 海南自由贸易港做好高水平开放压力测试的紧迫性和时间约束全面增强。一方面，海南自由贸易港开放政策优势逐步被摊薄。另一方面，非经济干扰全面提升海南高水平开放压力测试的迫切性。例如，美国正加紧打造印太经济框架并将中国排除在外；关于“非市场经济国家”的限制性条款，可能会成为美欧日开展经贸合作的主要考量。

二、在强化竞争政策基础性地位进程中形成公平竞争的市场环境

1. 对标CPTPP，全面强化竞争政策基础性地位。CPTPP形成了突出国有企业商业行为的竞争政策。首先，要求缔约国开展竞争立法，设立一个或多个竞争法执法机构，并允许私人对涉嫌的不公平竞争裁决提起诉讼和抗辩。其次，在明确界定国有企业概念基础上，以专章明确对国有企业和指定垄断的约束。最后，在保证商业机密信息受到保护的前提下，要求各方利用通知、通告、磋商和信息交流方式，提升市场监管与竞争执法透明度。

2. 加快完善竞争政策地方性法规体系。一是增加对国有企业的相关条款，对承担国家安全或重大战略的国有企业以清单形式进行竞争审查豁免。二是增加反行政垄断的相关条款，明确除涉及国家安全的领域外各级政府不得以数量配额、垄断、专营服务等形式制定差异化的准入程序。三是增加透明度的相关条款。例如，定期就竞争执法的相关政策与实践案例进行公开，并明确相关案例的适用条件。四是增加补贴政策的适用条款，提出制定适用产业扶持政策的正面清单。五是增加新经济领域反垄断条款，强化新经济领域的反垄断立法与执法。六是增加政府采购中的公平竞争条款，确保政府采购中无条件对内外供应商（含国企）国民待遇与非歧视。

3. 提升公平竞争审查的专业性、有效性。组建法定机构性质的公平竞争委员会，在省市场监管局的指导下相对独立地开展竞争审查工作。依托其更加灵活的优势，吸引国内外竞争政策领域的专家、执法人员、企业、裁决人员及国际组织等参与。在省高院设立公平竞争法庭，专司

公平竞争案件，并对因违反竞争法而被处罚或救济的个人、企业提供寻求对处罚或救济进行审查，待条件成熟时，建立海南自由贸易港公平竞争法院。

4. 探索国有企业改革新路径。例如，对商业一类国企，通过股权多元化方式使政府持股比例降低到 50%以下，并按照国际通行规则选聘董事会与高管，政府的干预和介入主要通过派驻股东行使表决权方式进行，以满足 CPTPP 三个 50%以下的要求；对商业二类的国有企业，参考马来西亚、新加坡等国家的做法，通过股权基金进行持股，降低政府直接持股比例。同时，参考我国在 CAI 中承诺，形成国企定期披露机制。

5. 开展竞争政策的国际交流。主动同新加坡等开展竞争执法机构的国际合作与交流，就内外竞争政策信息、竞争执法典型问题等开展交流研讨，并定期分享最佳实践案例，联合开展对中小企业利用竞争法律法规的辅导等。待条件成熟时，率先与新加坡共同制定公平竞争审查标准与程序，并实现竞争执法结果互认。

三、形成以跨境服务贸易负面清单制度创新为重点的自由化便利化制度安排

1. 以跨境服务贸易负面清单制度创新为重点，推进服务贸易高水平开放。首先，CPTPP 缔约国均承诺实行更加精简的跨境服务贸易负面清单，且日本、澳大利亚、马来西亚、新加坡等国家在 CPTPP 中的服务贸易承诺水平明显高于 RCEP。其次，以国内规制条款大幅降低跨境服务贸易壁垒。例如，除国民待遇、最惠国待遇等条款外，CPTPP 还要求对服务提供者学历、经历、职业资格等的承认。最后，通过棘轮机制和相关约束防止各缔约国对负面清单的滥用，达到开放的明确预期。

2. 对标 CPTPP，制定更加精简的海南自由贸易港跨境服务贸易负面清单。争取在 3 年内（即 CPTPP 内过渡期）将非金融领域跨境服务贸易限制措施数量缩减至 30 项左右，并引入棘轮机制。其中，对文化、出版、视听、电影等，在明确内容审查及标准程序基础上，逐步放宽文化、电信领域的跨境服务贸易负面清单限制，可考虑从中方主导开始切入，以审慎监管代替准入限制。此外，大幅减少现有清单内“不得”“经批准”等字眼，实行更加灵活的限制方式。

3. 借鉴 CPTPP，优化跨境服务贸易项下资格标准认可制度。在现有基础上，以医疗健康、研发设计、文化娱乐、商务等为重点领域，增加新加坡、日本、加拿大、新西兰等 CPTPP 成员国的职业资格单向认可目录内容；取消认定人员“已被海南自由贸易港用人单位聘用”的限制。将旅游、交通运输、租赁和商务服务、科学研究和技术服务、文化体育娱乐等领域纳入允许参加职业资格考试范围。成立由境外人员、企业参与的技术委员会，共同制定服务业标准，尽可能减少服务贸易技术性壁垒。

4. 对标 CPTPP，制定与服务贸易自由便利相配套的资金支付与转移制度及商务人员临时入境政策。依托 FT 账户，对服务贸易企业实行余额管理并开展事后真实性审查，在额度或余额范围内实行服务贸易项下的资金支付与转移承诺制；对个人资金支付和转移需求，将每人每年对外汇款额度由 5 万美元提升至 20 万美元，对超出额度的情况实行真实性审查。同时，在现有 59 国免签基础上制定商务人员临时入境清单，详细列明商业人员经免签临时进入和停留的条件、时长等。

四、构建更加开放、透明、安全的投资自由便利制度

1. 形成以广覆盖、高水平、强保护为特征的投资规则。首先，CPTPP 明显拓展投资范畴，包含资本或其他资源投入方式而直接或间接拥有或控制各类行为。其次，CPTPP 不仅通过投资与跨境服务贸易的一体化负面清单管理，实现了投资准入的高度自由，而且以“禁止业绩要求”“资金转移支付”等条款强化准入后国内规制的约束。最后，CPTPP 成功将投资者—国家争端解决程序引入多国协议，对投资者保护水平明显高于 WTO 标准。

2. 借鉴 CPTPP 做法，推进外商投资准入负面清单与跨境服务贸易负面清单合并。外商投资准入负面清单（服务业）与跨境服务贸易负面清单在大部分领域存在重叠。建议实现两张清单的一体化管理。在将购买债券、授权知识产权等纳入投资管理基础上，在法律、会计、专利、咨询、建筑设计、教育、医疗、公证、互联网信息服务等领域率先实现商业存在模式下的开放，并逐步向跨境服务贸易开放过渡。

3. 全面清理政策中关于业绩要求的相关规定。在明确不得以业绩要求作为投资准入前置条件这一基本原则的情况下，对负面清单外的领域，就目前省市（县）出台的招商引资政策及产业发展政策中的“对赌协议”、投资规模要求、“一事一议”、“当地含量”等进行全面清理。同时，对负面清单外投资全面实行“准入即准营”。

4. 强化对投资者各类产权的保护。例如，修订《海南自由贸易港征收征用条例》中“土地补偿费、安置补助费的分配标准和分配方式由省人民政府制定”等条款，按照《外商投资法》要求，明确提出“含土地在内的各类要素按照被征收投资的市场价值及时给予补偿”；实行与跨

境服务贸易相一致的境外投资者与投资相关的资产、收益等自由转移办法。

5. 借鉴 CPTPP，完善海南自由贸易港涉外商事多元化纠纷解决机制。借鉴 CPTPP 中关于仲裁员的选择条件，提升仲裁员专业性与公平性；允许涉外商事纠纷双方自由选择仲裁地并采用当地仲裁规则，且对仲裁结果予以承认；进一步放宽法律服务业市场准入，允许境外律师在海南自由贸易港内设立分支机构，专司涉外法律服务；明确多元化争端解决机制的程序及时限，大幅提升争端解决效率。

6. 组建海南自由贸易港投资安全审查委员会。借鉴其他国家的成熟做法，在省政府组建常设性的外资安全审查机构——外国投资安全审查委员会，在国家安全委员会指导下开展工作，对涉及国家安全的外国投资（包括绿地投资和并购投资）进行审查，强化国家安全审查的部门协调，进一步提升安全审查主体的公开性与权威性。

五、以电信市场开放与跨境数据流动为重点开展电子商务规则压力测试

1. 形成以电信市场全面开放与跨境数据安全有序流动为重点的电子商务规则。一方面，CPTPP 以“任何企业可按照合理和非歧视的条款和条件，接入和使用在其领土内或跨境提供的任何公共电信服务，包括专用线路”等条款实现电信市场的全面开放。另一方面，虽然允许各国对跨境数据流动进行监管，但以不得变相阻止跨境数据流动为前提，且明确要求不得以计算设施本地化作为经营主体开展业务的条件。

2. 争取支持推进电信市场全面开放。制定实施《电信市场管理条例》，突破原管理规定股比限制，并就电信市场透明度、竞争保障、安

全监管等方面形成法律安排。取消增值电信业务外资股比限制，允许民营、外资等社会资本经营国内国际呼叫中心业务、国际通信服务业务、信息搜索查询服务、互联网接入服务业务等。稳步放宽基础电信业务牌照管理限制，采用国际招标等方式引进国际电信运营商在海南经营固定通信、移动通信、网络接入等基础电信业务。

3. 分类推进跨境数据安全有序流动。一是实行入境信息内容分类审查制度，对影响国家主权、公共安全，与公共利益、公共道德、公共秩序和国家统一相违背的不良境外网络信息实施内容过滤。二是借鉴新加坡经验，对提供给家庭与公司企业、儿童与成年人、公共大众与个人消费者的互联网内容区别对待，进行不同程度的审查。三是建立数据出境等级安全管理制度，并禁止向数据保护水平低于我国的国家或地区转移个人数据。四是成立海南自由贸易港数据安全委员会，负责建立数据保护机制和监管政策实施。

4. 开展数字贸易领域的创新性立法。一是着眼于我国《数据安全法》《个人信息保护法》等的空白，出台《海南自由贸易港个人信息保护条例》，进一步细化个人信息保护程序、标准，明确跨境传输的具体条件，并提出个人信息保护措施应努力采取非歧视做法。二是在对标CPTPP提出跨境数据与设施本地化基本衔接的规则条件，并就跨境数字服务提供形成更加透明、可预期的规则。

5. 更加重视数字经济领域的知识产权保护。一方面，借鉴CPTPP中相关条款内容，制定出台《海南自由贸易港知识产权保护条例》指引文件，重点突破上位法中保护期、宽限期等要求，实现与CPTPP一致。另一方面，在加紧研究的基础上，率先开展数字经济领域的知识产权立法探索，深化数字经济领域的知识产权所有权、处置权、收益权改革，使其在海南更便利地获得市场运营收益。

六、做好货物贸易等传统议题与发展议题的压力测试

1. 率先在海南自由贸易港全面实行 RCEP 零关税清单。在 RCEP 框架下，我国将最终实现 88.5%的商品零关税，可达到 CPTPP 生效后第一年 86%的零关税比例。建议在海南自由贸易港立即实施我国在 RCEP 中对东盟国家的零关税商品承诺表（取消过渡期安排）；在此基础上，利用 3~5 年时间逐步将剩余非农产品纳入零关税管理，实现零关税商品比例提升至 99%。同时，以农业为重点尽快制定应对零关税的贸易救济措施，并在此基础上逐步降低剩余非零关税热带农产品关税税率。

2. 对标 CPTPP，推进加工增值货物内销免征关税政策创新。引入 RCEP 中的累加法和 CPTPP 中的净成本法，便于各类企业根据自身业务特点自主选择不同计算方法提交加工增值证明。实现与 RCEP 累计原则的对接。例如，根据海南自由贸易港高新制造业发展需求，允许重点产业内来自 RCEP 成员国的相关产品及原材料，经海南自由贸易港内使用关键技术后增值达到 10%~15%即可以零关税进入内地。

3. 立足省情，逐步对接 CPTPP 劳工与环境标准。一方面，在环境领域全面对接 CPTPP 标准，定期公布渔业补贴计划、受补贴船队捕捞能力信息等，探索与印度尼西亚、越南等国家内地区开展 CPTPP 下的渔业环保合作；另一方面，率先实施我国在 CAI 中的劳工标准承诺，并加大对就业歧视、农民工等领域的执法力度，提高违法成本。

七、行动建议

1. 全面启动开展高水平压力测试评估工作。将 CPTPP 现有 30 个章

节科学分类，并由省内 15 个风险防控专项工作组及第三方机构同步进行风险评估及差异分析，形成接受难易程度的条款分类，并就可能会对海南自由贸易港产业发展及社会稳定造成的冲击提出预案。

2. 按照 2025 年全面对标的目标要求，形成时间表与路线图。以 2025 年全面对标 CPTPP 为目标，制定《海南自由贸易港开展高水平开放压力测试行动方案》，率先提出以对标 CPTPP 为重点开展高水平开放压力测试的路线图。

3. 突出重点领域探索，并主动与重点国家或地区沟通。从领域看，重点在货物贸易、服务贸易、投资、竞争政策、知识产权保护等，《海南自由贸易港法》和《海南自由贸易港建设总体方案》已有相关原则性要求的领域开展探索，并逐步过渡到其他领域。从重点国家或地区看，一方面，以中国-东盟全面战略伙伴关系建立为契机，积极同新加坡、马来西亚、越南、文莱等东盟国家内地方、园区等开展 CPTPP 框架下的经贸合作与人文交流。另一方面，主动与澳大利亚、新西兰等已与我国签署自贸协定的成员国商务主管部门接触和沟通，争取在海南自由贸易港开展 CPTPP 规则下的早期安排。

实现海南免税市场中长期目标的 15 条建议

中国特色自由贸易港研究院、中国（海南）改革发展研究院课题组

当前，国内外十分关注海南免税市场发展前景，特别是对全岛封关运作、简并税制后的目标预期不稳的情况逐步显现。总体来看，离岛免税已成为海南自由贸易港建设的重要支撑之一，更是海南国际旅游消费中心建设的一张“王牌”。明确海南免税市场中长期目标，对强化各方预期至关重要。

一、目标预期：打造全球最大免税市场

1. 以推动免税市场转型发展为重大任务。在政策突破、消费替代等多种因素的推动下，海南离岛免税销售额快速增长。同时，也反映出监管不到位、综合服务能力不强等突出矛盾。在免税业态不断放松管制、免税店加大重点城市布局的情况下，需要推动海南免税市场由售卖为主的初级阶段向售卖与服务并重的中高级阶段发展，实现海南免税购物市场由价格优势向综合优势转变。

2. 抓住时间窗口期释放海南免税购物市场的潜力。预计到 2025 年，我国境内奢侈品市场占全球的比重将由目前的 1/3 提升至 1/2 左右；消费品进口额占进口总额的比重将由目前的 11%提升至 15%以上。海南要

抓住近一两年出境旅行受限的窗口期，使海南成为国内居民国际化消费的重要承接地。

3. 确立打造全球最大免税市场的长期目标。若政策不变，预计到2025年，海南离岛免税购物市场规模有条件突破1600亿元，超过韩国2019年的规模。封关运作后，以巨大买方市场优势建设以供应链管理为核心的物流体系、以销售与服务为核心的产业体系和以消费者保护为核心的质量管理体系，到2035年，即自由贸易港基本建成之际，海南将成为全球知名免税购物目的地与免税商品设计、展示、集散、交易中心。

二、政策预期：推进免税购物市场全面开放

1. 以放宽市场准入促进免税市场充分竞争。

封关运作前，参照日本冲绳、韩国济州岛等地区引入竞争机制的做法，在明确标准的前提下，采用公开竞标等方式，吸引日上、DFS、DUFRY等入驻，拓展免税商品供应链，增强海南免税购物市场的全球竞争力。

封关运作后，争取中央支持修订《海南离岛旅客免税购物商店管理暂行办法》，逐步取消部委审核机制与牌照管理，在明确海南免税经营主体的业务范围、监管规则前提下，允许包括免税品零售商、品牌运营商、制造商、跨境电商主体在内的各类市场主体进入海南免税市场。

2. 设计封关运作后海南免税行业征税办法。

方案一：对标香港，全面实行零关税政策，免征销售税。全面实行进口商品零关税负面清单管理制度，对消费者购买一定额度内的以零关税进口的消费品免征销售税。同时，取消免税业务特许经营制度。

方案二：全面实行零关税政策，对部分消费品免征销售税。出台包含奢侈品与日用消费品在内的免征销售税商品清单，对清单内的商品进

口免征关税与销售税。同时，在大幅放宽市场准入前提下保留对免税品销售的特许经营管理，并按免税品价格低于有税价格 10%～15%的国际惯例，合理设计特许经营费。

方案三：实现海南进口商品零关税与离岛免税政策并行。保留现有离岛免税政策，并对离岛免税店零售商品免征销售税。同时，对本岛居民一定额度内购买的零关税商品，出岛予以退还销售税。

综合考虑多方面因素，建议在封关运作后先实行方案二；在海南自由贸易港税基明显增大、税源稳定的情况下，对标香港，对以零关税商品进口的各类消费品免征销售税。

3. 实现免税商品由国际品牌向国内本土名优品牌拓展。借鉴韩国经验，明确要求现有免税店经营本土品牌的销售面积比例，支持符合现有免税商品品种目录的本土品牌商入驻；封关运作后，实现由内地进入海南自由贸易港消费品与进口消费品的一体化管理。同时，加强政策引导，避免免税店恶性竞争，实现各免税店错位发展。

4. 实现免税商品由中高端商品向日用消费品拓展。

——尽快实施岛内居民购买进口免税商品正面清单，增强岛内居民对自由贸易港建设的认同感、获得感。

——明确免税日用消费品销售对象。包括海南户籍或持有海南省居住证的人员、来海南旅游人员或商务人员等。

——明确免税日用消费品的免税税种。除减免关税外，免征销售税。

——明确岛内外居民购买免税日用消费品限制。例如，对岛内居民采取限制年度购物总额不超过 5 万元，与离岛免税额度分别计算，采取限制各种类商品年度购物数量的模式，对超出限额和限定数量的商品向海关补交关税、增值税和消费税；对岛外人员，采取限制年度购物额度不超过 3 万元，与离岛免税额度共享。

三、管理服务预期：对标国际打造一流免税购物环境

1. 建立以消费者保护为核心的免税市场质量管理体系。

——建立免税市场法规体系。在海南免税店适用香港《消费品安全条例》《服务提供条例》《商品说明条例》等法律裁决民事纠纷案件，并尽快研究制定出台《商品售卖条例》《离岛免税购物管理条例》《消费者安全保护条例》等。

——形成包含消费者权益保障与申诉、商品服务提供质量与安全、消费者救济等在内的基础制度安排；明确《消费者权益保护法》对免税品的适用问题，在口岸建立免税商品消费争议快速处理绿色通道，探索在免税购物领域建立消费者集体诉讼制度，并逐步扩大到所有零售行业。

——进一步丰富溯源码内容。形成涵盖生产、采购、仓储、运输、销售等在内的完整溯源链，并强化大数据应用，形成以风险管理、口岸管控、事中事后监管为主线的免税商品监管链条。同时，建立缺陷免税商品召回制度，实现破损、有瑕疵或临期免税品召回的常态化。

2. 建立与国际接轨的海南免税市场标准体系。

——对标国际，在《消费者权益保护法》等框架下，制定出台《海南免税购物服务标准与规范》《海南免税购物服务标准体系表》《海南线上免税购物服务管理办法》等海南免税市场地方标准及与之相配套的指引文件。

——鼓励现有免税店经营企业采用国际标准或国外先进标准，支持各免税店或经营企业开展国际标准认证工作，支持香港商品质量安全认证机构在海南开展免税商品质量国际标准认证服务。

——率先在现有免税店实施企业产品与服务标准自我声明机制。

3. 强化免税购物服务与管理人才的培养和引进。建议支持免税经营企业依托自由贸易港特殊政策，加大对免税店管理运营、市场策划、供应链管理等领域的国际化高端人才引进力度。同时，围绕采购、销售、仓储管理、客服、财务等领域，加强对现有人员标准化、国际化研修培训。

4. 打造全省统一的免税市场管理服务平台。借鉴香港经验，由政府牵头率先整合各免税店网购服务平台，实现一站式跨店购物；逐步拓展平台功能，增加免税购物宣传、消费者攻略、消费保障、投诉与服务及信息发布、信用评级等功能。同时，支持中免集团牵头成立免税市场企业协会，在联合制定行业标准的同时，以团体方式与国际知名品牌运营商开展采购谈判，明显增强海南免税市场的议价能力与话语权。

5. 高标准建设覆盖全岛的免税商品物流配送体系。依托现有保税区，建设和完善仓库、堆场、集配中心等免税商品物流配送基础设施；在加注溯源码的前提下，建立覆盖全岛、辐射国内的免税商品配送体系，大幅缩短免税购物配送时间；建立与综合运输冷链物流相适应的管理体制和运行机制；强化机场、港口、仓库、堆场、免税店等管理体系衔接，实现免税商品中转无缝衔接；充分依托电子商务既有的配送渠道，探索开展“互联网+保税仓”“互联网+岛内外配送”“互联网+免税店”等模式，并利用数字技术对人、货、车、场等要素进行全面精准管理。

四、特别之举：与香港联手共建免税购物产业链

1. 支持在海南建立琼港免税购物合作园区。探索“海南以土地形式入股，香港出资建设和招商运营”的建设模式和合理的利益分享机制；重点开展分拨分拣、加工配送、保税仓储与中转、商品测试、检验、物

流配送等增值服务。同时，探索与香港建立委托经营、独资经营、整体项目进入、外包服务等多种形式的合作机制，全面引进优质资本以及先进的经营、管理和人才。

2. 实现琼港免税购物市场管理服务体系全面对接。推进琼港免税商品海关监管标准互认、执法互助、快速通关、信息互换、数据共享、实时监控，简化清关手续，加快货物转关流程；推进琼港免税商品质量安全管理体系对接，加强琼港在免税购物服务标准、认证认可、检验检测、行业管理等领域规则对接，促进免税商品贸易自由化；强化琼港在免税购物人才培训领域的合作。例如，吸引香港免税购物经营企业或经济组织在海南注册经营性培训机构，建立免税购物领域管理、财务、物流、培训等领域的人才单向认可制度。

3. 与香港联手，建立免税消费品设计加工与交易中心。发挥海南自由贸易港零关税与加工增值货物内销免征关税政策优势，以及香港国际网络广泛、国际设计公司与设计人才集聚、设计行业内涵广泛等优势，聚焦中高端免税商品，联手打造集设计、生产、加工、发布、宣传、仓储、分拨等于一体的免税品设计加工中心。同时，依托香港交易、金融、商务等服务与人才优势和海南政策资源优势，以中高端免税商品与日用消费品为重点，与香港合作在海南建立国际消费品交易中心，提高海南对消费品的国际定价权和免税购物领域的规则制定话语权。

第六篇

RCEP：区域媒体与智库的重要作用

中国-东盟全面战略伙伴关系中的智库角色

迟福林　中国（海南）改革发展研究院院长

在全球大变局与疫情大流行交织的特定背景下，中国与东盟的关系站在了新的历史起点。

1. 智库要为中国与东盟携手共建开放性、非排他性的区域合作机制提供智力支持。当前，深化区域智库合作，一是要抓住 RCEP 正式生效的历史性机遇，深入研讨 RCEP 生效后区域合作新的重要课题；二是深入研讨如何构建开放性、非排他性的区域合作机制。中国已经正式申请加入 CPTPP。如何以区域一体化大市场为导向，打造高水平的区域合作新格局，需要智库的广泛参与和积极推动。

2. 智库要为深化中国-东盟全面战略合作提供智力支持。自 2010 年 1 月 1 日中国-东盟自贸区全面启动以来，经历了以货物贸易为主的 1.0 版本到以服务贸易为重点的 2.0 版本，再到今天以规则、规制、管理、标准对接为主要标志的 3.0 版本。规则、规制、管理、标准的对接，需要各方智库的合作研讨。全面战略伙伴关系意味着无论是传统安全领域还是非传统安全领域，都需要深化合作，需要智力支持。此外，在数字经济、蓝色经济、航空航天等新兴领域，在融入全球和区域产业链、供应链、价值链、创新链的相关能力建设等方面，智库需要以全面战略伙伴关系的新思维，扮演中国-东盟全面战略合作中的特殊角色。

3. 智库要为中国－东盟全面战略伙伴关系发挥重要而特殊的作用。新的重要背景是中国与东盟正式建立全面战略伙伴关系。在这一大背景下，中国与东盟的智库要发挥什么特殊作用，如何发挥好作用？我认为，智库要有战略性的新思维，在建立中国－东盟全面战略伙伴关系中，智库要有新思路、新主张。例如，全面战略伙伴关系不仅包括经贸合作与人文交流，还包括环境保护、共同防务等。智库是思想库，要依据全面战略伙伴关系深入研讨，如中国与东盟共同防务合作，特别是南海共同防务合作等重点议题。

形成中国－东盟全面战略伙伴关系的新思维，具有相当大的现实需求，需要智库积极发挥作用。面对百年未有之大变局，适应中国与东盟经贸合作与人文交流的大趋势，中国与东盟智库若能在中国－东盟 3.0 自贸区形成中发挥好智力支持作用，将对中国－东盟区域一体化、亚太一体化以及世界经贸格局产生重要作用。

中国－东盟全面战略伙伴关系的重要目标是什么？我认为，就是打造中国－东盟命运共同体。“一带一路”的重点应该向中国－东盟全面战略伙伴关系倾斜。比如，能否加快推进以基础设施为重点的互联互通进程，在当前新的背景下，这些都是有可能实现的。此外，共建共享教育、医疗等重要平台，也是各方的共同需求。我认为，智库要提出一些前瞻性建议。例如，在条件成熟时，能否实现中国－东盟全面战略伙伴关系下的自由贸易和人员进出的自由便利？RCEP 于 2022 年初将正式生效，这为中国－东盟农业合作、区域市场建设都提出许多重要课题，这些都需要智库合作研究、深入研讨。中国与东盟国家的智库、媒体通过打造机制化的平台，开展经常性合作研讨，达成某些共识，将有利于促进全面战略伙伴关系形成新格局。

4. 智库在促进海南自由贸易港与东盟国家的经贸合作和人文交流中

有重要作用。海南自由贸易港是中国的重要开放门户，是连接中国与东盟经贸合作和人文交流的战略枢纽和市场交汇点，它对建设中国-东盟全面战略伙伴关系有重要且独特的作用。中改院与相关智库倡议建立开放性、网络型的海南自由贸易港与东盟智库联盟，得到多个智库的积极回应。

希望共同将中国-东盟高级别智库论坛长期化、机制化，以有利于发挥好中国-东盟全面战略伙伴关系中的智库作用。

在 RCEP 发展方面要加强智库的合作

莎　达　欧洲新地平线项目创始人

对于 RCEP，欧洲是一种喜忧参半的心情。好的方面是它可以促进繁荣和地区一体化。但是也有一些观点反映出挑战，比如亚洲因为 RCEP 的原因将给欧洲带来更多挑战，这为欧洲敲响了警钟。欧盟正在更加积极地与东盟国家开展一些合作，因此我个人也密切关注 RCEP 的发展。

欧洲在很多地方都强调贸易协定，不仅是关于贸易，同时也增加社会、经济、政治的联系，这远远超过了贸易的范畴。欧洲的智库也在关注 RCEP。我们要加强知识、信息共享，另外还要了解 RCEP 的概念以及 RCEP 能够带来的机遇和挑战，必须在智库之间共享这些知识和信息，去密切关注 RCEP 的发展。在数字经济时代，我们要进一步加强交流，让人们了解 RCEP 到底是什么、它能够带来什么样的机遇。所以我们要做的是建立更多智库之间、人文之间、媒体之间的交流和联系。

一方面，我们生活在一个数字的世界，很多事情都在互联网上进行，有的时候交流并没有那么正式，不像吃饭那样面对面，不能深入交流，不是很了解彼此的关切。另一方面，地缘政治的竞争。如果没有智囊之间的联系，国与国之间的关系会变得更糟糕。所以，我们必须要加强人文交流。这些年，我们也与印度尼西亚、印度和东盟国家开展合作。我认为，面向未来，要加强 RCEP 智库与欧洲、欧盟智库之间的交流。欧洲有 27 个国家，RCEP 有 15 个成员国，像欧洲的政策研究中心可以把欧洲的智库集合起来，和 RCEP 地区的智库开展对接，开展政策的研究，促进人文的交流，创造机会了解彼此。

现在地缘政治下有很多的误解和猜疑，需要智库机构和政府加强沟通，让人们不要随意产生猜疑和敌意，而是要创造一个更友好的关系。面向未来，在 RCEP 发展方面可以加强智库的合作，例如可以把海南自由贸易港和 RCEP 智库以及欧洲的智库联系在一起加强合作，这有很多的机会，有新的希望。

智库、媒体如何为 RCEP 塑造良好氛围

欧渤芊　中日韩合作秘书处秘书长

RCEP 于 2022 年 1 月 1 日起生效。RCEP 的成员国，尤其是“10+3”国家之间山水相连、人文相亲。RCEP 的落地生效必将激活地区内的人流、物流、资金流和信息流，人员往来与人文交流也必将更为密切。反过来，这也将为 RCEP 充分释放自由贸易的红利奠定良好的民意基础。

然而，当前地区内的人文交流却面临一个严峻挑战，即各国民众之间的好感度和认知度正在持续走低，中日韩之间、东盟和邻国间的好感度都已降到历史最低点，已到了我们不得不着手解决的地步。导致这种现象出现的原因十分复杂，其中一个重要因素是疫情以来，面对面交流受阻，而网上交流又使负面情绪不断积累和发酵，加剧了彼此间的隔阂和偏见。

我们所处的时代十分特殊，前所未有。第四次工业革命和第六次信息革命的互相叠加，信息通讯技术的高速发展每天都会把天量信息推送到我们眼前，同时也使我们更加容易接触到网络，更容易实时在网络上接触到彼此。这个现象带来两个效应：一是平行世界效应。即我们每个人都生活在两个并行的平行世界里，一个是真实的现实世界，另一个是虚拟的网络世界。二是盲人摸象效应。我们每天都在网上接收到天量的信息，信息量大到让我们无法获取全部内容，只能了解其中很少的一部

分，而且无法辨别真伪，但我们又很容易轻信得到的信息，于是在互联网上每时每刻都在重复着盲人摸象的故事。这两个效应的叠加使网络争吵不断增加，负面情绪堆积，人们为了证明自己的正确不断走向极端。这个现象考验着政府理性决策和社会治理的能力，冲击着国家间交往的民意基础。

如何解决这个问题？一方面，政府层面应加强网络空间的立法，依法管理网络。人类社会的发展靠法律约束推动，网络社会也同样需要相应立法，帮助划清自由和法制的边界。特别是在防止深度造假这个问题上，我们急需通过立法来遏制深度造假给社会带来的敌意、割裂和对立。

另一方面，智库、媒体一定要发挥重要的作用。在 RCEP 落地人文交往越来越活跃的背景下，智库和媒体如何为 RCEP 营造良好的氛围，使 RCEP 在成员国中产生正向的效应，是一个重要课题。媒体和智库不仅要研究 RCEP 框架下的相关合作路径和项目设计，更要研究舆论，特别是研究社交媒体使用者的心理。

媒体应抓住 RCEP 落地生根的机遇，积极正面地引导舆情；远见卓识的专家们也更应该发出理性的声音。这两年我跟媒体交流的时候经常会问一个问题，主流传统媒体是引领自媒体还是迎合自媒体，这是一个非常重要的问题。

建立海南自由贸易港与东盟智库联盟

迟福林　中国（海南）改革发展研究院院长

当前，中国与东盟的关系进入全面战略伙伴关系的新阶段。以打造重要开放门户为目标的海南自由贸易港，是中国与东盟全面合作的战略枢纽与交汇点。依托地缘优势与高水平开放的政策制度优势，海南自由贸易港将在促进中国-东盟更高水平、更大范围的合作交流中发挥特殊作用。

一、积极发挥中国与东盟全面合作中的智库作用

当前，在中国-东盟全面战略伙伴关系的新背景下，要积极发挥中国与东盟合作中的智库作用。建立开放性、网络型的海南自由贸易港与东盟的智库联盟，其目标是为加强和深化地区合作提供智力支持。

1. 中国-东盟合作交流进入新阶段

（1）中国-东盟经贸合作的新格局。2020年，在全球货物贸易额同比下降20%、东盟外贸整体增速下降5.8%的情况下，中国-东盟双边贸易额同比增长6.7%，并首次形成中国-东盟互为最大贸易伙伴的新格局。

（2）中国-东盟经贸合作的潜力巨大。全面战略伙伴关系的建立与RCEP的正式生效，将明显提升中国与东盟区域内贸易比重，为释放中国-东盟经贸合作与人文交流潜力提供重大利好。初步估计到2025年，中国-东盟双边贸易额占全球贸易总额的比重将提升至20%左右，将形成1万亿美元的贸易增量，并将带动商务人员、旅游等人文交流水平的较大提升。

（3）中国-东盟经贸合作的重要贡献。1991—2020年，东亚与太平洋地区GDP占世界的比重由19.8%上升至31.8%，提高了12个百分点。其中，76.5%的增量是由中国与东盟贡献的。更重要的是，中国与东盟都是多边主义的坚定支持者，中国与东盟的全面合作不仅将在推动亚洲区域经济一体化中发挥更大作用，也将在推动全球经济治理变革、维护多边贸易体制等方面产生重大影响。

2. 海南自由贸易港将成为中国-东盟全面合作交流的重要枢纽与交汇点

（1）海南自由贸易港将在连接两个市场、促进人文交流中发挥独特作用。海南与东盟各国地缘相近、人文相亲，不仅具有面向东盟最前沿与地处RCEP中心以及背靠超大规模中国市场等优势，也具有全面深化改革和试验最高水平开放政策的优势。以海南自由贸易港为重要平台，加强中国与东盟深层次、多领域、高标准的地区合作，有利于更务实地推进区域经济一体化进程。

（2）海南自由贸易港有条件成为中国-东盟全面合作交流的重要枢纽与交汇点。

——海南自由贸易港有条件成为中国与东盟市场的重要连接点。例如，吸引国内高水平企业在海南建立面向东盟的总部基地，并促进企业

“走出去”。以统筹产能合作与服务贸易为重点，与东盟联手打造分工合理、稳定安全的区域产业链与供应链。与此同时，依托海南自由贸易港政策与 RCEP 叠加的有利条件，吸引更多的东盟企业来琼投资，并发挥海南自由贸易港“重要跳板”功能，助力东盟企业开拓中国国内大市场。

——海南自由贸易港有条件成为中国与东盟商品与要素双向流动的大通道。一方面，依托海南区位优势以及背靠 14 亿多人国内大市场的优势，用好运输来往自由便利政策及零关税、原产地政策等，强化物流体系建设及与东盟国家口岸间的协调合作，提升海南自由贸易港对中国-东盟跨境供应链发展的促进、服务作用。另一方面，在高水平经贸规则压力测试中积极吸引国内外要素在海南自由贸易港内中转、交易、配置、集聚，提升海南自由贸易港在中国-东盟产业链、价值链、创新链的服务功能。

——海南自由贸易港有条件成为中国与东盟区域性国际人文交流中心。通过实行更加开放的人才和停居留政策，全方位开展与东盟各国的人文交流活动，构建官民并举、多方参与的人文交流机制，拓展与东盟国家文化体育、教育培训、旅游会展、人才培养、医疗健康、技术合作，以及历史文化遗产、生态环境保护等领域的交流合作。同时，依托博鳌亚洲论坛、中国国际消费品博览会等重要平台，建设开放性的中国与东盟区域性人文交流中心。

3. 在中国-东盟全面合作交流发挥智库作用

（1）适应全面战略伙伴关系框架下中国与东盟全面合作的共同需求。中国与东盟都面临在全面战略伙伴关系的框架下谋篇布局的重大课题，这为发挥智库作用提供重要机遇。区域智库应充分发挥各自优势，为区域合作议题下的战略对接、政策沟通、人文交流等提供智力支持。例如，结合各国的资源禀赋与比较优势，合作开展贸易、投资、金融及电子商务、中小企业、环保等地区内合作交流的重大课题研究，共同策划合作示范项目，为地区合作与各国发展的政策决策提供重要参考；通过常态化交流，发掘经贸合作潜力，探讨并提出地区经济合作的制度性安排以及各领域的具体合作方案，为中国与东盟、海南自由贸易港与东盟的经贸合作和人文交流提出前瞻性、行动性政策建议。

（2）在区域智库交流互鉴中共同提高影响力与智力支持能力。倡议建立海南自由贸易港与东盟智库联盟，就是要在促进区域内智库优势互补的同时，构建国际合作研究网络，消除知识和信息壁垒，在交流互鉴中有效提高自身国际影响力与智力支持能力。

二、为中国-东盟全面合作提供智力支持、搭建平台

当前，面对百年变局与世纪疫情叠加的挑战，倡议建立海南自由贸易港与东盟智库联盟，围绕发展、合作、交流的某些重要课题开展合作研讨，搭建以智力支持为突出特点的区域合作平台。

1. 为促进产业对接与市场融合提供智力支持

（1）在疫情冲击下，促进经济复苏增长仍是中国与东盟共同面临的重大课题。作为高度外向型经济体，外部市场需求是促进东盟经济疫情后复苏与长期可持续发展的重要动力。随着中国经济结构性转型与高水平开放进程的持续推进，中国对东盟的农产品、中间产品及优质服务仍有巨大需求。例如，疫情后中国仍将是东盟最重要的国际游客客源国；预计未来 5 年，中国将从东盟进口 1500 亿美元的农产品。

（2）为促进产业对接与市场融合提供智力支持。例如，适应全球产业链、供应链区域化新趋势，合作探讨打造涵盖种子研发、种植、包装、

运输、加工、储藏等的跨境农业产业链的具体方案与务实举措；适应东盟部分国家工业化进程与中国产业结构调整的需求，共同挖掘生物医药、工业机器人、石油化工、电气设备、新能源汽车等产能领域的合作潜力；适应区域内服务型消费需求的增长，共同研究设计基于统一标准的服务供给体系与平台；适应经济数字化转型趋势，共同设计数字基础设施建设和产业数字化转型的规划与路线图。同时，适应中国与东盟产业对接与市场融合需求，共同开展在海南建立面向东盟的区域性市场可行性研究等重要课题。

2. 为服务于区域经济一体化提供智力支持

适应全球服务贸易快速发展大趋势与中国–东盟服务贸易一体化的实际需求，共同开展差异化跨境服务贸易负面清单设计、服务业规则、规制、管理、标准、对接、路线等方面的合作研究。例如，适应数字贸易发展的新趋势，针对区域内数字经济治理规则不健全等突出矛盾，合作设计区域内关于跨境数据流动和数据本地化等核心议题的统一规则。同时，可就海南自由贸易港如何发挥地区内双向贸易投资枢纽与平台作用开展联合研究与研讨。

3. 打造开放性、机制化智库交流与政策互鉴的重要平台

当前，面对中国–东盟全方位合作的现实需求与发展趋势，以智库合作为先导的人文交流进程明显滞后，迫切需要形成地区内外智库共同参与的开放性、机制化的学术交流合作机制。同时，海南自由贸易港有人员进出自由便利、信息流动安全有序及面向东盟交通往来便利的突出优势，有成功举办20年博鳌亚洲论坛的经验，有条件打造以智库联盟为主要载体的交流合作平台。

促进 RCEP 区域人文交流，建立智库联盟和媒体合作联盟

许利平　中国社会科学院亚太社会文化研究室主任

第一，促进 RCEP 区域人文交流的意义。人文交流可以成为促进国家交流的稳定器、务实合作的推进器。推进 RCEP 面临种种挑战，这些挑战通过传统政治安全合作的方法或者经贸合作的方法难以全面破除。但人文交流在应对 RCEP 面临的现实和未来的挑战中，发挥着不可替代的作用。促进 RCEP 人文交流的意义主要体现在三个方面：一是维持或者保证 RCEP 发展的方向，这个方向就是推进东亚区域一体化乃至整个亚太区域一体化，维护多边主义；二是它对 RCEP 的进程有一个基础性的意义，因为它可以促进区域人文之间的认知和了解；三是它具有先导性，特别是对于 RCEP 一些新型领域，比如 RCEP 条文框架中有电子商务等新业态，这是很多多边贸易体系所没有的。这些方面未来如何推进，会面临各种各样的风险，我想人文交流可以起到一些先导性的意义。

第二，RCEP 区域人文交流的目标。主要包括三个方面：一是软联通。RCEP 很重要的是规则、标准的联通，可以说促进 RCEP 地区的共振。二是促进 RCEP 区域之间的心联通。这个心联通主要还是一些基本的价值观，特别是对一体化意识的强化。三是情谊联通。主要是强化区域合作的紧密度，其中人员交流是核心。我们知道人文交流分为思想交

流、文化交流和人员交流三个层次，而情谊联通是人员交流的一个重要的路径，最后达到共情的目的。

第三，媒体智库在 RCEP 区域人文交流的角色定位。主要包括三个方面：一是疏通者。主要面对区域 RCEP 的分歧、难点，媒体、智库扮演着疏通者的角色。二是传播者。媒体智库对 RCEP 推进过程中取得的一些早期收获、一些比较成功的做法进行传播。三是引导者。因为 RCEP 的规定要每五年更新一次，特别是智库在这方面扮演了非常重要的角色。

第四，对策和建议。依托现有的地区人文交流机制，逐步建立“10+5”的人文交流机制。因为 RCEP 区域里面有几大高级别的人文交流机制，即副总理级的人文交流，中国和日本之间建立了高级别的人文交流机制，和印度尼西亚建立了高级别的人文交流机制。依托这两个区域内的高级别人文交流机制，把 RCEP 的交流纳入高级别人文交流机制之下做好人文交流的示范。

建立“10+5”媒体合作的联盟。一个是传统媒体，一个是新媒体，一个是融媒体。传统媒体有专业性、资源整合的优势，新媒体有成本、数据、内容、时空、传播的优势，融媒体是集中了影像、声音的多媒体。以后是一个全媒体的时代，以全媒体的时代打造“10+5”的媒体合作联盟，是未来路径的深化方向。

建立智库联盟。第一，要体现权威性。权威性就是智库联盟的成果一定要能够转化，和顶层设计直接对接。第二，要体现专业性。因为 RCEP 的条文是非常多的，很多行业要细分，要成立专业性或者行业性的智库，能够更精准地对接 RCEP，来应对 RCEP 现在面临的很多方面不能适用的问题。第三，就是创新性。联盟的创新性主要是机制创新，智库+联盟可以加很多的内容，通过内容的叠加来进一步地创新推动 RCEP 走稳走深走实。

RCEP 中的媒体作用

帕纳·简沃热 亚洲新闻联盟秘书长

RCEP 的主要特征是全球一体化的一部分，这是恰逢其时的发展，让亚洲进一步成为全球经济的引擎。中国推行“一带一路”倡议，和很多亚洲国家签署了双边自由贸易协定，而且在铁路、公路等方面的建设都已经开始了合作，这也有利于提升中国、东亚和东南亚之间的交通往来和运输。还有一个特征就是服务贸易的开放，还有研发、教育、促进供应链功能的流动、跨境贸易等，这些对于企业来说都很重要。不光是贸易，对于地区的发展也会有很重要的作用。

我想谈一谈我们面临的全球议题，15 个 RCEP 成员国可以为本地区的和平繁荣作出贡献。

首先，在繁荣方面，要考虑全球一体化，RCEP 为数以亿计的人带来了好处。但是还有一些人没有从全球化中获益，会为逆全球化产生推波助澜的作用。通过贸易的开放，要使所有人受益，这是我们从历史的失误中学习到的经验。我们作为东盟的公民，东盟十国都非常清楚地知道那些发展中国家不应该被落下，这样才能促进发展。

其次，在和平方面，这对于企业、对于所有的公民来说都非常重要。RCEP 在很多方面都强调东盟的中心地位，不光在经济方面，在和平方面也有重要的意义。我们通过自由贸易协定，把中日韩都纳入进来，我们有共同的目标、共同的利益。另外，提升互信，这可以终结一些历史性的敌视和紧张局势，东亚也可以进一步发展。如果东盟国家可以克服过去的障碍，就可以更好地共享资源。

亚洲新闻联盟已经有 20 年的历史，有 22 个成员国，包括 RCEP 成员国中的 13 个国家，如澳大利亚、新西兰，中国也是非常活跃的成员国，我们提供一些富有远见的信息，亚洲新闻联盟的成员代表亚洲各个地方的国家，包括东亚、泛亚的网络。这是一个平行的平台，我们每天报纸的发行量大概是 1000 万份，并且包括一些杂志，都是可供国际游客、外交官以及商业人士阅读的全英文报刊。

除此之外，包括《中国日报》在内，我们还有 1200 万名 Facebook 粉丝、6 亿份英语报刊的分发。这是一个巨大的资源、巨大的平台，所有的成员国都是基于法律来进行的，每个国家都有自身英语的原版杂志，这些杂志对于国家以及相关事务能够形成相关的意见，比如说中国的投资，还有中国的商业发展，以及中国在亚洲、马来西亚、泰国、越南之间的商业运行等，所有相关的事情都是英文报道。

我们长久以来在整个亚洲，从巴基斯坦到日本，从印度尼西亚到斯里兰卡，所有这些都是开放的平台、开放的媒介、开放的体系。我们在信息的开放当中，不管是本地还是国际新闻，都是平等的，所以我们以 RCEP 做一个比喻，它是基于多边主义的合作，所有的国家都抱着开放的态度。

最后，在这样一个技术的时代，我们要进行技术方面的合作。如果只是基于之前古老的合作平台，那么我们不能够适应当前的时代。关于故事的撰写、故事的分享方面，我们之前以发电报的方式，这是非常古老的。现在我们已经运用技术达到了技术标准，比如欧洲领导人峰会，我们也会根据相关的记录来做报道，每天会有 15 篇关于亚洲的报道。

RCEP 可能也会融入运营的过程中，所以同时还要关注在欧洲、美洲其他信息的报道，这都是我们要合作的。

在编辑或者在传播信息的时候，一定要根据当地的读者需求，以本地化的、能够让他们接受的方式来传播，但是有的时候我们可能会对文章做一些改动，以吸引读者。对于菲律宾的读者来说，我们还可以通过平台、手机、社交媒体来让他们了解每天发生的新事件。我们的目标是以本地化的故事为基准，所以 RCEP 在亚洲媒体的出版和传播当中是非常重要的信息来源。

让和谐共生、合作共赢的声音在 RCEP 区域内广泛传播

刘晓龙　中央广播电视总台编务会成员

2020 年，突如其来的新冠肺炎疫情给全球的公共卫生、经济发展、民间交流带来了巨大冲击，媒体之间的正常交流也受到了严重影响。

令人欣慰的是，在历时 8 年、31 轮正式谈判之后，RCEP 终于在 2020 年 11 月签署。这不仅是区域合作具有标志性意义的成果，更是多边主义和自由贸易的胜利。疫情没有阻断我们携手迎接更加美好的未来。

中央广播电视总台始终秉持“和谐共生、合作共赢”的理念，与各国媒体展开积极务实的合作。我们与老挝、柬埔寨、越南、泰国、马来西亚、菲律宾、印度尼西亚等东盟成员国以及日本、韩国的媒体机构保持着良好的合作关系，在新闻交换、节目制作、人员互访和培训、联合制播、影视剧和图书译制等方面构建了多维度、多层次的合作网络，有效促进了民众的相互了解与理解。

总台与老挝国家广播电台于 2006 年合作开办的万象调频台被中老两国领导人誉为两国媒体合作的典范；总台与柬埔寨国家广播电台合作运营的中柬友谊台已经开播 13 年。2021 年 10 月，柬埔寨西哈莫尼国王还亲自授予中方记者柬埔寨王国友好合作勋章。

面对新冠肺炎疫情全球暴发，总台的新闻工作者用实际行动搭建起

沟通桥梁，对外传递公正、客观、理性的抗疫资讯和经验，讲述合作抗疫中的动人故事，为各国民众增信心、送安心。

疫情发生以来，总台台长慎海雄先生向包括 RCEP 成员国在内的多国媒体机构发去慰问信，表达加强合作、携手抗疫的真诚意愿。特别是近期，印度遭受第二波新冠肺炎疫情严重肆虐，慎海雄台长分别致函慰问多家印度主流媒体。他在信中说："全球性挑战需要全球共同应对，团结合作才是战胜疫情最有力的武器。让我们携起手来，为战胜疫情继续做出媒体应有的努力和贡献。"对此，相关国家媒体负责人给予了积极回应，表示愿与总台进一步加强合作，通过公正、透明的新闻报道，树立信心、共克时艰。

和平发展、合作共赢是时代主流，多边主义和自由贸易是大道、正道，团结合作才是广大民众的期盼。中国人信奉"智者求同，愚者求异"。我提出三点倡议。

第一，共同为 RCEP 成功实施创造良好的舆论环境。RCEP 自贸区建成意味着全球约三分之一的经济体量将形成一体化大市场，估计到 2030 年，RCEP 有望每年带动成员国出口净增加 5190 亿美元，国民收入净增加 1860 亿美元。

RCEP 将惠及多方、利国利民、影响深远。但在实施过程中可谓"路漫漫其修远兮"。作为新闻媒体，我们应该从国家发展的大局出发，从亿万民众的长远利益出发，秉持人类命运共同体理念，摆脱意识形态偏见，坚定支持和维护多边贸易体制，杜绝人为制造壁垒。

在 RCEP 的谈判过程中，东盟各国发挥了中心作用。未来，中央广播电视总台将继续与 RCEP 成员国媒体一道承担应有的社会责任，为推动协定顺利实施作出贡献。

第二，在新冠肺炎疫情防控形势依然严峻的当下，我们要为消除民众之间的隔阂、增进彼此了解发挥作用。在抗击疫情的过程中，媒体公正、客观、理性的报道，对于分享抗疫经验、坚定抗疫信心、化解社会恐慌起着至关重要的作用。这需要媒体机构和新闻从业者秉承职业操守，坚持科学、理性、客观的传播态度。遗憾的是，在疫情冲击下，我们看到很多负面、不理性、反科学、经不起历史考验的不负责任的言论甚至是抹黑造谣，将抗疫政治化。这只会让别有用心的少数人得利，只会把世界和人类推向分裂甚至对抗。

回顾历史，人类曾经为误解、隔阂、对抗付出过惨痛代价。意识形态差异、发展模式不同、所走路径相异，都不应成为阻断沟通的理由。

第三，聚焦后疫情时代的长远发展，把“和谐共生、合作共赢”转化为生产力。随着RCEP的推进和实施，亚洲各国在全球经济发展中的比重将进一步增加。亚洲媒体也需要通过深化合作与交流，逐步改变在全球话语体系中的地位与格局。

我们希望进一步扩大媒体间合作，特别是深化新媒体领域的合作，培养Z世代人才，为受众提供更加优质的内容和服务，并与诸位共同致力于打造和谐共生、合作共赢的媒体生态圈。风物长宜放眼量，希望我们携起手来，努力为亚洲的未来、为人类的发展凝聚人心和力量。

讲好 RCEP 惠及人民的故事

黄振威　马来西亚星报媒体集团顾问

RCEP 的签署是一个非常重要的里程碑，它是历史性的，是世界上最大的自由贸易区，受到了很多的关注。更重要的是，这个自由贸易协定将为当地产业带来很多好处，因为它将降低进入东亚的商品和服务的壁垒。但这也意味着成员国之间的竞争，尤其是那些东盟国家是亚洲最大的对外直接投资目的地，也是成本较低投资（FDI）目的地。

RCEP 包括十个东盟成员国及其最大的贸易合作伙伴中国、日本和韩国，以及澳大利亚和新西兰。简而言之，RCEP 是世界上最大的自由贸易区，拥有 22 亿人的人口市场。但是，作为新闻人士，这并不仅仅是冰冷的数据，不是关于官方的签署，也不是关于文件，而是关于人民。也许人们不知道 RCEP 是什么，对于普通民众来说要知道 RCEP 还是很困难的，很多在东盟国家、新加坡、澳大利亚的人根本就不知道这么大的自由贸易区会给他们带来什么样的益处。现在 RCEP 的益处完全是可以惠及每一个人的，对于普通人、商人、农民等来说，有很多例子我们可以和大家分享。我们要把它分解到人的层面，媒体必须让人们了解 RCEP 是什么、怎样做才是最好的。

我们是用一种简单的方式来讲述，RCEP 如何在全球供应链当中给很多公司带来机会，这都是非常好的效应，中国现在也实现了附加值的增长。比如说在马来西亚，中国投资的汽车有自身的价值，并且现在已经被马来西亚的民众和使用者接受，得到了很多的赞扬。媒体见证了这场即将到来的伟大变革，而且必须如此。马来西亚现在也非常高兴看到中国的产品，在汽车方面这就是一个很好的合作方式。

在媒体平台上，各种媒体组织非常重要的一个工作内容——共享平台，以提高 RECP 的知名度。亚洲新闻联盟（Asia News Network，ANN）是由 24 个新闻机构组成的，是一个分享关于 RCEP 的一切信息的平台，任何有兴趣阅读关于 RCEP 的最准确和最新的新闻报道的人都可以使用 ANN 门户作为参考点，比如马来西亚的《星报》、中国的《中国日报》、新加坡的《海峡时报》等都在其中，ANN 现在是一个非常令人期待的媒体组织，我们提议开启一些年度 RCEP 的媒体论坛，分享我们的成功经验以及面临的挑战，并且以更加高效和精准的方式来报道。

加强中国-东盟媒体合作，推动 RCEP 落实

苏　裕　中国-东盟中心新闻公关部主任

众所周知，RCEP 涵盖了十个东盟国以及中日韩和澳大利亚、新西兰，然而 RCEP 中最全面的伙伴关系是中国与东盟之间的伙伴关系，中国拥有 14 亿多人，东盟拥有 6.5 亿人，将这两个超大的市场与日本、韩国、澳大利亚、新西兰联合起来的话，将形成世界上最大的市场，而且它的人口占世界人口的 1/3。

自 2003 年建立战略伙伴关系以来，中国-东盟取得显著成就。自 2009 年起，中国成为东盟第一大贸易伙伴，东盟取代欧盟成为中国第一大贸易伙伴，2020 年双边贸易总额达到 6846 亿美元，这表明在受疫情影响的情况下，中国-东盟的双边贸易保持稳定增长。在此背景下，RCEP 不仅为地区和全球经济的复苏注入了强劲动力，也将不断深化中国与东盟的全球经济合作。

回顾一下在中国-东盟关系中的里程碑以及 RCEP 的时间表。2020 年中国签署了 RCEP。同时，我们也应该加大力度向社会宣传这个协定。2020 年将是 RCEP 所有国家区域经济一体化的变革时刻，所以我们作为媒体面临一个巨大的挑战，即如何在信息和公共外交中发挥关键作用，提高人们对 RCEP 的认识。

在签署 RCEP 之后，一个最关键的阶段就是公众沟通。公众沟通将

是传递政府政策的关键，我们要以更加容易让人接受的方式来传递信息。新闻媒体是政府和公众之间的桥梁，要进一步开放数据，增强彼此的了解以及对 RCEP 事务的了解。RCEP 不仅对中国和东盟国家有很深的影响，对其他很多的国家也有连带的效应。

我们需要通过媒体合作来进一步推进 RCEP。一方面，不能采取“一刀切”的方法。我们在进行传播的时候要特别关注公众的利益，他们需要了解什么，他们所担忧的是什么。同时，媒体宣传的路径也要注意多元化，其中也可以包括社交媒体的主流，像微博、微信、快手等。除此之外，现在在很多国家媒体多样化也是很普遍的现象，所以我们要充分利用这些条件。

另一方面，要确保议程的设置。现在我们可以看到在中国和东盟国家彼此的了解出现了不均衡的现象，很多中国人可能对东盟国家比如印度尼西亚的了解只是巴厘岛，但是东盟国家对中国的了解会更多，大多数东盟国家虽然对中国了解很多，也主要是知道重要的大城市如北京、上海、广州，但他们可能对于海南有自贸港这件事并不是很清楚。公众传播策略的一个重要的目标是让人们充分认识到 RCEP 能够给他们带来的好处是什么，所以人们应该知道在 RCEP 框架下所进行的合作可以为 15 个成员国提供更大的市场准入，通过改善营商环境提高国家的竞争力、创造就业机会，建立区域的市场网络和区域价值链，促进区域贸易以及推进高水平的开放。同时，也可以增加外商直接投资、工业化转让，进一步很好地参与“一带一路”项目。也就是说，提高 RCEP 的综合效应，特别是对本地区各国人民来说，应该是最大限度的获得感，媒体应该担负起它应有的责任，发挥更加积极的作用，为 RCEP 的推动和公众的参与作出应有的贡献。

附　录

名家观点综述

务实推进中国-东盟全面战略伙伴关系

一、携手打造更加紧密的中国-东盟命运共同体

相盖博拉斯美　柬埔寨前副首

东盟同中国结成全面战略伙伴关系是正确的道路，这是中国-东盟建立在互信基础之上形成的关系。东盟和中国不仅要捍卫本地区的和平，也要防止外界干扰，因为一些外部势力在亚洲以及世界各地带来不稳定因素。

颇钦·蓬拉军　泰中文化经济协会会长

“一带一路”倡议将中国与东盟以及其他国家联系起来，包括斯里兰卡、孟加拉国和印度。“一带一路”将在彻底消除贫困方面取得进展。泰国作为东盟的地理枢纽，是区域互联网络中的一个重要节点。泰国运河有望成为全球和平发展、投资和互联互通的通道，将会重新平衡世界，让世界从单边主义转向多边主义。如果这条重要的海上航道能够建成使用，将覆盖世界一半以上的人口，与马六甲海峡相比预计会节省两天的时间，能够为托运人、企业和居民带来巨大的经济利益。

宋沙瓦·凌萨瓦 老挝前副总理

老中两国农业、经贸、人文等领域务实合作持续推进，推动老中命运共同体建设迈向新台阶。老中铁路是东南亚首条运营的现代化铁路，也是老挝同中国“一带一路”倡议对接取得的重大标志性项目，是两国好邻居、好朋友、好同志、好伙伴和老中命运共同体精神的生动体现，是两国友好合作的伟大标志，同时也为东盟与中国乃至世界的交流与合作注入强劲动力。期待各方以东盟-中国全面战略伙伴关系为新起点，深化交流合作，促进民心相通，共同为维护地区和平与发展繁荣、增进人民福祉作出更大贡献。

范家谦 越南前副总理

东盟-中国合作应把为各国带来切实利益、为人民带来福祉、不让任何人掉队作为最高目标。希望中国发挥日益增长的经济实力和国际影响，继续同东盟国家加强经贸投资合作，特别是为东盟高质量的商品、农产品对华出口提供便利；加强科技、高质量基础设施建设、数字化转型、绿色增长和可持续发展等领域合作；加强民间交流，为双方人员往来提供便利；在国际法基础上协商解决有关分歧。

翁诗杰 马来西亚新亚洲战略研究中心主席

东盟-中国全面战略伙伴关系在区域政治安全、经济发展和社会文化领域与东盟共同体愿景具有互补性，也会有助于实现东盟安全共同体、东盟经济共同体和东盟社会文化共同体，可以进一步为东盟成员国提供所需的动力，实现其对联合国2030年可持续发展议程的承诺。到目前为止，东盟-中国关系被认为是最成功的典范，促进了亚太地区的经济合作，同时这一关系保持稳定、持久、有弹性，并且具有共生性。中国推出了包括健康丝绸之路、数字丝绸之路、绿色丝绸之路等丝绸之路倡议，这些倡议为本地区的共生合作提供了有效途径。

迪诺·贾拉尔　印度尼西亚外交政策协会创始人

东盟和中国互信已有大幅度上升，但仍需要进一步加强战略互信。如果没有一个强大的民意基础，战略互信会显得非常单薄和浅薄。印度尼西亚政府官员、商界人士对中国的看法是正面的，但许多基层百姓感到没有参与到双边关系中。这是非常重要的一个发现，也是一个重要挑战。为此，在基层往来交流方面，应通过人文交往形成正确的观念，着重在三个方面：一是智库交流合作；二是大学生间更多的交流；三是民间组织层面更多的交流。好的交流活动会带来深刻的变化，更带来终身的友谊。

王景荣　新加坡外交部巡回大使

东盟-中国应进一步促进人文交流，加强联系，恢复因为疫情导致的人文交流损失。

潘基兰·奥斯曼　文莱外交贸易部前常秘

当前双方更需要关注政治安全和经济合作的广度和深度，加强建立合作共享的机制。东盟与中国的合作关系是基于充分利用东盟国家与中国之间的地理近缘和文化亲和力，是建立在睦邻友好和相互信任基础上的。中国是具有强大外交能力的国家，希望中国与较小的邻国打交道时能够具有更大的包容性。未来要实现相对稳定、以规则为基础、包容开放的世界秩序，中国和东盟乃至全世界都需要作出努力。

达伦·德赫苏斯 菲律宾众议院前副秘书长

尽管东盟与中国在合作过程中存在竞争，但是这种竞争应是积极的，以实现区域最大利益为导向。东盟与中国共同努力为破解区域性问题，找到最佳实践方法。例如，双方携手推进公共卫生能力建设和改进卫生相关事务是有效抗击疫情的关键。

丹 吞 缅甸战略与国际问题研究所研究员

中国-东盟关系进入了新时期，面临着新的机遇，以及广泛的经济、贸易以及人文合作交流前景和很好的未来。

邓秀岷 东盟秘书处政治安全局局长

中国一直是东盟的朋友，无论是顺境还是逆境。在 20 世纪 90 年代的金融危机中，中国帮助稳定了动荡的区域金融形势；在经济繁荣时期，中国的投资进入东盟，中国的经济增长为东盟成员国提供了新的产品市场，为东盟经济体带来了溢出效益。过去两年中，中国坚定与东盟一起共同抗击疫情，中国对东盟新冠应对基金的捐款和“中国-东盟疫苗之友”倡议，加强了中国与东盟在疫苗信息共享、研发、生产、应用方面合作，巩固了中国作为东盟心目中真正朋友的地位。

文昌耀 文莱大学高等研究中心主任

提高互信需要加强基层的人文交流，让中国人了解文莱的文化和历史，包括对伊斯兰教情况的了解。文莱很多民众对中国所知甚少，大部分中国人对文莱应该也是所知甚少，文莱大学里也没有中文项目。随着中国对文莱直接投资的不断上升，有许多中国人进入文莱，却很少和当地人交流。

凯曼妮·欧拉博尼　老挝外交学院副院长

人文交流是进一步促进中国-东盟关系的重点之一，政府之间以及公民之间的互动与真诚沟通对促进相互信任和理解至关重要。东盟和中国应充分利用二轨、三轨，包括机构以及商界的各种联系，进一步促进地区国家之间的互信和了解。

钟嘉滨　泰国朱拉隆功大学高级研究员

进一步增进双方战略互信，有必要加强中国媒体和东南亚媒体之间的交流。通过媒体、新闻报道或杂志能够让东南亚的民众对中国-东盟关系的发展以及意义有更好的了解。

拉斯塔姆·伊萨　马来西亚战略与国际问题研究所前所长

中国尊重东盟的团结、支持东盟的中心地位是非常重要的。特别是在发展全面战略伙伴关系的背景下，这一点尤为重要。双方深化战略互信，要进一步加强透明度和相互尊重。

阮雄山　越南外交学院副院长

中国与东盟应更合理地面对湄公河和南海的挑战，很好地管理在南海问题上的各种分歧，目的是加强政治互信。

拉斐尔·阿农南 菲律宾外交关系委员会主席

战略合作只能是在清晰地了解对方的战略意图，并且客观评估对方的意图，能够相互照顾彼此的核心关切的基础上才能进行。东盟与中国正在构建命运共同体，在一些核心领域需要给予特别的关注。要避免本地区成为大国博弈的角逐场，包括在南海以及其他地区。南海各方行为准则是解决南海问题的一个非常重要的文件，通过这种方式才能更好地维护彼此的核心利益和提高战略互信，促进本地区的稳定和发展。

二、中国-东盟全面战略伙伴关系蕴含广阔合作空间

王景荣 新加坡外交部巡回大使

应确保全面战略伙伴关系能够有意义地保持，并且具有实质内容，同时为双边带来好处。应进一步升级东盟-中国自贸区。稳健的经济合作是东盟-中国关系的压舱石。通过深化贸易和投资合作，促进双方在数字经济方面的合作发展。应加大努力实现可持续发展以及后疫情时代更加绿色的发展。建议通过双边互认健康证书促进跨境旅游，加强航班互联互通，升级航空运输协定，使得民航和旅游业能够更好地发展。加大教育合作是另外一个基石，让东盟学生尽早回到中国，这样会极大促进年轻人的交流。

达伦·德赫苏斯 菲律宾众议院前副秘书长

东盟和中国要努力减少非关税措施等贸易壁垒，进一步促进贸易和经商便利，同时增强供应链的联通性和韧性，利用东盟和中国经济的地缘优势进一步扩大产业互联互通。

郝福满 新加坡国立大学东亚研究所所长

RCEP 将进一步推动地区合作与区域一体化，区域合作的广度和深度会得到拓展。如果可以说服印度重新考虑加入 RCEP，将会给区域发展与一体化进程带来更多机会。同时，RCEP 还可以扩大，把劳动标准、数据、国家支持等内容包括进来，这样可以和 CPTPP 更好地衔接。

阮雄山 越南外交学院副院长

东盟将在 2030 年成为全球第四大经济体，东盟国家的消费将达到 4 万亿，人口达到 7.2 亿人，东盟对中国的“双循环”是非常重要的。在后疫情时代，双方需要在恢复旅行、促进人文交流等方面加大合作，也需要加大基础设施的互联互通，另外在科技、卫生、农业、生物等领域都可开展有效合作。

阿尼塔·普拉卡什 印度尼西亚东盟与东亚经济研究所高级政策顾问

东盟-中国供应链的整合非常重要。中国在全球供应链中发挥着越来越重要的作用。东盟现在是在中国供应链的下游，从东盟的角度来看，东盟是一个经济共同体，所以应加强自身供应链建设，特别是在数字经济方面。

阮辉煌 越南社会科学院东南亚研究所所长

越中两国需要实现贸易平衡，需要携手建立贸易促进机制，消除贸易壁垒。疫情后经济复苏非常重要，需要支持中小企业恢复生产，以确保供应链的畅通。应加大基础设施建设和互联互通，特别是火车运输的合作。中国数字经济发展得很好，希望两国经济通过这些新领域的投资得到更好的互联。

拉斐·尔洛提拉　菲律宾亚太发展道路基金会主席

美国在亚洲地区的影响力不断下降，中国已经替代美国成为东盟最大的贸易伙伴。美元对亚洲经济的影响也在不断减弱，尽管现在美元仍然是主导货币，但人民币会越来越有影响力。

▲

拉斯塔姆·伊萨　马来西亚战略与国际问题研究所前所长

东盟和中国提升合作水平的空间巨大。不能孤立看待中国-东盟全面战略伙伴关系，这是地缘政治经济安全架构的重要组成部分。已经有人开始评估中国-东盟全面战略伙伴关系的未来发展轨迹，并对中国的意图做出假设。东盟可以从自己的角度解释双边合作的进展，但中国有更大的责任，因为中国必须和其他国家打交道，特别是和美国打交道。中国和东盟应该创建友好的、安全的营商环境，制定合理的规则，提供良好的激励措施以进一步提升双边合作水平。

▲

翁诗杰　马来西亚新亚洲战略研究中心主席

疫苗研发、绿色经济、蓝色经济等众多领域为东盟与中国新的合作提供了广阔空间，这些领域的合作给后疫情时代的经济复苏带来希望。例如，以海洋为基础的蓝色经济合作是中国与东盟最新推出的合作举措。以海洋为基础的蓝色经济在可再生能源、渔业、水产养殖、海上物流和旅游业领域的巨大潜力有待东盟与中国共同开发。东盟需要依靠中国的专业能力和雄厚资本支持。

▲

丹　吞　缅甸战略与国际问题研究所研究员

展望未来，要把中国-东盟合作推上新的高度，包括在农村发展、减贫、促进投资、能源、旅游、数字经济、人力资源发展、互联互通以及其他领域，都大有可为。

凯曼妮·欧拉博尼　老挝外交学院副院长

应努力加强中国-东盟政治安全合作。通过加强政治安全对话，构建各种新的合作平台。同时，充分利用现有的各类框架和平台，例如，中国-东盟峰会、中国-东盟高管磋商、东盟地区论坛、东盟防长会议等各项机制。

马拉阿耶　缅甸战略与国际问题研究所研究员

在印太地区，中美之间的激烈竞争以及以美国为首的安全对话、美英澳安全联盟的出现，除了中国和美国，这个地区的很多国家都在加强军事实力，澳大利亚决定拥有核动力潜艇，韩国也在国内讨论是否需要拥有核武器。东盟国家必须避免来自外部的压力危害到中国-东盟全面战略伙伴关系目标和精神，要坚决维护东盟原则和东盟方式，避免削弱东盟的团结。

阮雄山　越南外交学院副院长

东盟需要多边机制，需要与更多的伙伴合作，因为这让东盟感到更安全，东盟希望的是多边化、多样化的关系。外交的努力还不够，还要有可实际执行的项目。东盟与中国应合作加强现有规则，比如联合国系统以及其他多边制度和机制等。

建立面向东盟的区域性市场

——加强海南自由贸易港与东南亚国家交流合作研讨会会议综述

一、海南自由贸易港建设的重要抓手是尽快建立面向东盟的区域性市场

迟福林 中国（海南）改革发展研究院院长

在海南加快建设面向东盟的区域性市场，有利于加强海南自由贸易港与东盟国家的经贸合作与人文交流，将在实现国家建设海南自由贸易港的战略目标、服务国家战略全局中发挥独特作用。

吴士存 中国-东南亚南海研究中心理事会主席

中国与东盟的合作具有深刻长远的战略意义。作为中国唯一的自由贸易港，要通过“由点到面”的多层次谋划，在中国与东盟合作大局中扮演独特角色。

欧渤芊 中日韩合作秘书处秘书长

以海南自由贸易港为中心建立面向东盟的区域性市场，并借此深化与东南

亚国家的交流合作，逐步构建起泛南海经济合作圈，将形成泛南海合作发展新格局。

迟福林　中国（海南）改革发展研究院院长

一方面，未来5~10年，我国14亿人巨大内需市场潜力释放将为包括东南亚国家在内的全球经济注入重要动力；另一方面，预计到2030年，东盟将成为仅次于美国、中国、欧盟的全球第四大经济体。在海南建立面向东盟的区域性市场，就是要充分发挥其在连接两个市场、两种资源中的重要枢纽、重要交汇点的独特作用。

欧渤芊　中日韩合作秘书处秘书长

近年来，大国博弈下东盟成为我国产业转移的重要区域，海南将在我国双循环新发展格局与RCEP下中国-东盟共同市场建设中扮演对接点的角色。

赵晋平　国务院发展研究中心对外经济研究部原部长

建立面向东盟的区域性市场，有利于海南自由贸易港集聚并有效整合优质企业资源，通过“走出去”构建区域性的生态网络，对提升我国产业链供应链的安全稳定、自主可控具有重要的意义。

贾　康　华夏新供给经济学研究院院长

海南要打造面向全球的自由贸易港，其切入点是率先建立面向东盟的区域性市场，并以此拓展中国与东盟开放合作的新空间。

迟福林 中国（海南）改革发展研究院院长

适应东盟市场在我国开放发展中的地位日益提升的大趋势，尽快建立面向东盟的区域性市场，将吸引人流、物流、资金流，做大海南经济总量、做活海南经济流量，并使东盟成为海南自由贸易港的重要经济腹地，为吸引国内外各类总部型企业集聚海南并开展相关业务形成决定性影响。

▲

郭延军 外交学院亚洲研究所所长

RCEP 成员国 15~64 岁人口占世界的比重为 1/3。在中国、日本、韩国等国面临老龄化问题的情况下，建立面向东盟的区域性市场，将使海南自由贸易港获得东盟国家的人口红利。

▲

欧渤芊 中日韩合作秘书处秘书长

RCEP 为海南建立面向东盟的区域性市场提供重要机遇。此外，从与东盟国家的接触情况看，新加坡、菲律宾、马来西亚等都对海南自由贸易港建设表现出很大积极性。

▲

罗来军 海南省委政策研究室副主任

东盟国家高度关注海南自由贸易港建设，加强海南自由贸易港与东盟合作是大势所趋。

▲

刘兴华 同济大学特聘教授

中国与东盟关系正处于一个新的历史节点，RCEP 的签署进一步提升中国-东盟经贸合作水平。未来 15 年，我国国内市场增量将达到百万亿元，中国-东盟经贸合作前景广阔，并为在海南建立面向东盟的区域性市场提供重要条件。

▲

二、努力实现建立面向东盟的区域性市场的重要突破

迟福林　中国（海南）改革发展研究院院长

加快三亚国际邮轮母港建设，为疫后构建国际邮轮旅游大网络创造条件；争取政策支持，率先与东盟国家的岛屿地区开展海洋旅游合作，构建双边多边旅游合作网络；充分利用特殊开放政策，争取中央支持并协调与香港共建旅游消费产业链，使海南尽快成为面向国内和东盟的中高端免税购物消费、医美消费、文化娱乐消费等的主要承接地。

▲

郭　强　海南大学旅游学院院长

加强海南自由贸易港与东盟旅游联合营销和旅游要素市场合作，通过联合营销引流国际游客，加大国际航班密度，促进航线可持续运营。同时，加大海南本地旅游产品创新力度，并在海南积极打造旅游装备制造业中心。

▲

迟福林　中国（海南）改革发展研究院院长

抓住 RCEP 全面实施前的时间窗口期，吸引国内外龙头企业在海南建立一批集加工、包装、保鲜、物流、研发、示范、服务等相互融合和全产业链的农业产业化项目，通过零关税和原产地政策进口东南亚国家的农产品在海南进行精深加工，使产品增值 30%以上再免关税进入内地，提升海南热带农业竞争优势。

▲

刘锐金 中国热带农业科学院副研究员

建议农业企业与科研机构合作“走出去”，开展实验示范活动，以解决直接投资种植业可能产生的维护成本高、企业用工难以协调等问题。同时，以农产品加工和贸易为切入点，实现“引进来”。

张　湧 复旦大学上海自贸区综合研究院研究员

海南要前瞻性谋划以数字贸易为核心，以数字产业为支撑，以数字金融、数字物流为基础设施，以数字治理为保障的数字自贸港建设。

郭延军 外交学院亚洲研究所所长

中小企业数字化是东盟数字战略的核心。加强海南自由贸易港与东盟的数字经济合作，建议提升中小企业参与数字化的意识，加强政策规划和引导；加强电商领域数字基础设施投资合作；围绕在线培训、数字减贫等开展对东盟的能力建设项目；以数字旅游为重点，探索与东盟合作新空间；加强数字与网络安全的协调合作。

迟福林 中国（海南）改革发展研究院院长

积极争取证监会支持在海南建立天然橡胶交易所，为东盟国家提供交易、交割、定价、结算、风控等一站式服务。加快建立海南国际文物艺术品交易中心，引入艺术品行业的国际规则，吸引国内外知名拍卖机构及投资者在交易中心开展业务。

廖增梁　海南省地方金融监督管理局自贸金融发展处处长

加强与东盟国家各类交易场所内交易规则互认、股权互持等互联互通；打造海南大宗商品国际清算所，通过个性化风险管理，满足市场主体便捷高效低成本的融资需求。

▲

朱华友　中国特色自由贸易港研究院研究员

引进交易所是将海南自由贸易港政策优势转化为合作优势的关键，并可以为海南带来巨大资金流量和税收。未来，在加快完善知识产权交易所的同时，争取在碳汇交易方面率先突破。

▲

王　文　中国人民大学重阳金融研究院执行院长

海南具有非常优越的碳汇资源，需要建立碳汇交易所，将碳汇资源转化为经济优势，并在全国率先实现碳达峰、碳中和。

▲

迟福林　中国（海南）改革发展研究院院长

利用“支持符合条件的海南企业首发上市”政策，尽快出台行动方案，在海南建立面向“一带一路”的国际资本市场。利用“探索开展跨境资产管理业务试点”政策，尽快开展个人跨境财富管理试点，允许欧美知名理财公司在海南以独资、合资、合作等形式开办私人银行等财富管理机构，建立面向国内市场与东盟市场的财富管理中心。

▲

王一林　海南省金融发展促进会会长

相比于吸引商业银行机构而言，尽快设立融资性金融机构与交易所可以更好服务实体经济发展，并为美丽乡村、医疗健康等提供长期资金支持。

刘兴华 同济大学特聘教授

加快海南自由贸易港金融双向开放创新，建立面向东盟进而面向“一带一路”的国际化债券市场和资本市场。与之相配套，逐步建立起以转口贸易、数字金融等为核心驱动的新产业、新业态、新模式，并以此为平台积极探索人民币数字化，稳慎推进人民币国际化。

刘 锋 海南师范大学自贸港研究中心主任

在海南自由贸易港建立区域性金融交易市场，并吸引海外公司来海南自由贸易港上市，积极吸引中概股回流，促进人民币率先在东南亚实现区域化。

迟福林 中国（海南）改革发展研究院院长

通过配额管理、完善社会治安管理制度等方式，在海南率先引入菲佣等技能型外籍劳工，为国际化人才和海南中高收入家庭提供优质家政服务。

黄景贵 海南经贸职业技术学院院长

率先面向东南亚开放劳务市场，引进新加坡等地的职业体系、职业标准和职业资格认证，大力发展职业教育。

刘兴华 同济大学特聘教授

放开面向东盟的人才市场，探索在高水平对外开放和市场经济条件下，吸引国外优秀人才的办法。积极与东盟国家高水平大学合作办学，培养经贸管理等人才。

赵晋平 国务院发展研究中心对外经济研究部原部长

将海南自由贸易港打造成为离岸贸易中心，并加快形成包括外汇管理、税制安排等在内的一揽子政策支持体系。

张　湧 复旦大学上海自贸区综合研究院研究员

加快海南自由贸易港在中医服务、远程医疗、远程教育、在线会议等领域的跨境服务对外开放。面向国内及东盟，积极发展数字化离岸服务外包。

廖增梁 海南省地方金融监督管理局自贸金融发展处处长

充分利用在岸、离岸两个市场，服务好区域贸易投资的便利自由，抢抓流量与增量，加快推进海南自由贸易港国际新型离岸贸易试验区的建设，打造区域性离岸贸易中心和资产管理中心。

吴士存 中国-东南亚南海研究中心理事会主席

以海口、三亚为重点，加快推进与东盟国家主要城市航空基础设施互联互通，使海南成为中国-东盟人流物流的航空航运枢纽。

罗来军 海南省委政策研究室副主任

进一步重视和加强与东盟国家交通基础设施互联互通，并探索实行与越南、缅甸等国家间的免签政策，使海南成为中国-东盟交通大通道的重要枢纽。

吴士存 中国-东南亚南海研究中心理事会主席

在加强与新加坡在医疗、航运、物流、高新技术研发等领域务实合作的基础上，充分利用新加坡在产业园区规划、管理运营、开发管理、创新发展等方面的经验，挑选1~2个园区，通过委托经营、合作管理等方式，与新加坡开展战略合作。

黄景贵 海南经贸职业技术学院院长

探索在海南自由贸易港建立中国与新加坡服务贸易创新合作先行区，在境外消费、跨境支付、人员流动等方面实现跨境服务贸易自由化、便利化安排。

三、建立面向东盟的区域性市场的政策需求与制度创新

迟福林 中国（海南）改革发展研究院院长

尽快完善鼓励企业“走出去”的相关政策，对于周期长、风险大的项目，给予一定的财政贴息或一次性财政资金支持；设立海南自由贸易港对外投资基金；实行更加灵活的原产地政策；将农业等企业纳入“新增境外直接投资取得的所得，免征企业所得税”政策适用范围；对总部设在海南、主要业务在东盟国家的相关企业人才，将其在东盟国家开展商务活动的时间

视为在海南居住时间，享受最高不超过15%的个人所得税政策。

王方宏　中国银行海南金融研究院研究员

从服务国家金融开放大局出发，放宽个人交易的跨境政策，便利居民在海南使用移动电子支付工具；支持符合条件的保险机构在海南设立资产保险公司，并向境外发行人民币资管产品。

刘　锋　海南师范大学自贸港研究中心主任

由国家财政发行海南自由贸易港建设特别国债，缓解海南自由贸易港建设的资金短板。

张春昌　椰树集团副董事长

进一步拓展零关税政策实施范围。例如，由国内企业到境外投资设厂的商品，尤其是战略性产品，进入海南给予其零关税政策。

郭　达　海南自由贸易港研究中心主任

尽快将《海南自由贸易港建设总体方案》相关政策具体化。例如，加快明确原产地计算规则，适时引入加工工序标准；尽快出台新型总部政策，明确外国投资者在海南自由贸易港的合法所得依法以人民币或者外汇自由汇入、汇出。

迟福林 中国（海南）改革发展研究院院长

海南自由贸易港建设对标世界最高水平开放形态，有可能、有条件率先探索 CPTPP 的相关规定。例如，争取中央支持，在海南全面适用《新加坡公约》等国际高标准知识产权保护规则，积极吸引东盟国家的知识产权在海南开展定价、交易、融资等服务，并推动知识产权在海南或内地成果转化。

▲

张　湧 复旦大学上海自贸区综合研究院研究员

加快对标 CPTPP，在环境、劳工、知识产权、政府采购、中小企业等领域加快探索实践。

▲

罗来军 海南省委政策研究室副主任

海南自由贸易港有条件作为我国 CPTPP 的试验场，率先在境外消费、跨境支付、自然人移动等服务贸易标准规则方面实现重要突破。

▲

张　湧 复旦大学上海自贸区综合研究院研究员

加快实施跨境服务贸易负面清单，建立自然人移动绿色通道，开展国际人才管理改革试点。

▲

迟福林 中国（海南）改革发展研究院院长

依托中央赋予海南跨境数据安全有序流动的政策优势，研究建立面向东盟的数据交易所，开展数字版权确权、估价、交易、结算交付、安全保障、数据资产管理等服务，并争取中央支持，赋予海南更加开放的跨境数据流动政策等。

张　湧　复旦大学上海自贸区综合研究院研究员

推进海南自由贸易港在跨境数据流动、电子商务规则等方面先行先试，推进数字内容产业、数字服务业、数字金融业发展，并推动城市智慧化治理。

迟福林　中国（海南）改革发展研究院院长

聚焦贸易投资自由化便利化，在海南专门成立区域性市场开发管理局，其性质为法定机构，实行企业化管理、市场化运作、目标绩效考核；为“走出去”企业开展融资、担保、争议解决等服务；率先支持旅游、数字经济、商贸物流、医疗健康等领域企业跨境人民币余缺调剂和归集业务，建立重点行业境外投资及资金出入境审批的绿色通道。

刘锐金　中国热带农业科学院副研究员

在双向投资方面，海南有条件成为中国与东盟及其他 RCEP 成员国之间的服务站，为各类投资项目提供综合性解决方案。

刘兴华　同济大学特聘教授

服务于建设面向东盟的区域性市场，要加快推进以要素市场化配置改革为重点的制度创新，并提升政府治理能力和效率，率先建立高水平市场经济体制。

贾　康　华夏新供给经济学研究院院长

海南应冲在我国全面开放的前沿，大胆试、大胆闯，以全面开放倒逼改革，形成一个最高水平、最高标准的法治化营商环境，率先确立竞争中性原则，并最大限度减少行政对市场的干预。

朱华友　中国特色自由贸易港研究院研究员

加快自由贸易港政策落地见效进程，有关部门出台的政策需要更加通俗直白，并注重将政策优势转化为规则优势。

陈　伟　民革海南省委常委

制度集成创新是海南自由贸易港建设的最大红利。推进制度集成创新，不仅需要好的顶层设计，同时更需要抓紧抓实中观层面，并进行微观的试验田建设和实验模型建设。

以 RCEP 生效为契机，推进中日韩自贸区建设

一、RCEP 实施为推进中日韩自贸区进程提供重要机遇

迟福林　中国（海南）改革发展研究院院长

RCEP 生效后在关税减让、市场准入、区域供应链调整等方面，为中日韩自贸区建设奠定重要基础。

▲

丰田正和　日本国际经济交流财团主席兼首席执行官

RCEP 的生效，日本、中国和韩国打破贸易和投资壁垒，三方经贸关系得到进一步增进。

▲

安忠荣　韩国中央大学国际关系研究生院特聘教授

通过 RCEP 使得中日、韩日间接达成了自由贸易协定（FTA），为未来中日韩自由贸易协定提供更好的商谈基础。

▲

欧渤芊 中日韩合作秘书处秘书长

东亚具有最完整的工业体系，产业互补性强，资本要素、技术要素、劳动力要素齐全。RCEP 生效将放大各国优势，进一步促进区域内商品、服务、资金流动，推动区域内产业链、供应链的融合发展。

江瑞平 外交学院原副院长

RCEP 生效后，通过区域贸易投资快速增长，从而推动本地区经济快速复苏，为出现严重倒退的全球区域合作进程产生了强有力的推动和激励作用，对未来全球治理变革和完善起到榜样和示范意义。

二、RCEP 实施为中日韩经贸投资合作带来广阔前景

杨伯江 中国社会科学院日本研究所所长

减税、让税、零关税、区域累积原产地规则等拓展了更广阔的服务贸易市场，并促进中日韩三国之间的相互投资。

迟福林 中国（海南）改革发展研究院院长

RCEP 带动中日韩间贸易与投资壁垒大幅下降的同时，也通过更加灵活的原产地累积规则，促进三国间产业链、供应链、价值链的进一步融合。

赵晋平 国务院发展研究中心对外经济研究部原部长

一方面，累积计算的原产地规则有利于加强区域内货物贸易之间的相互关系，推进区域内的货物贸易整合具有重要的作用；另一方面，在高水平的

投资自由化条款的影响之下，中日韩三国之间通过扩大相互投资，带动供应链的重组，将会发挥积极的作用，疫后中日韩三国相互投资有可能率先实现较快的恢复性增长。

浦田秀次郎　日本早稻田大学名誉教授

通过“RCEP 对经济影响模型”分析，从绝对值来说，RCEP 最大的有利方是中国，其次是日本和韩国，但从经济规模的比较看，受益最多的是日本和韩国。

三、推进中日韩自贸区谈判进程

张蕴岭　中国社会科学院学部委员

RCEP 生效后，中日韩三国要尽快谈成一个更高水平的自贸区协定，建议重启中日韩三国领导人会议。

迟福林　中国（海南）改革发展研究院院长

抓住 RCEP 正式生效的机遇，争取实现中日韩自贸区谈判的重大突破。

安忠荣　韩国中央大学国际关系研究生院特聘教授

未来的中日韩 FTA 是在 RCEP 的基础上推动更进一步的开放，利用 RCEP 加快中日韩 FTA 的签署。

胡正跃　中国公共外交协会副会长

继续推进区域经济合作，加速中日韩自贸区谈判进程，进一步提高自贸水平，为 RCEP 实施提供“压舱石”。

胡正跃　中国公共外交协会副会长

围绕中国“一带一路”倡议、日本“高质量基础设施计划”和韩国“新南方政策”，中日韩三方企业可以加强沟通，寻求双赢和多赢合作。

迟福林　中国（海南）改革发展研究院院长

适应中国消费结构升级大趋势，积极开展旅游、教育、文化娱乐等产业项下的自由贸易；适应中日韩共同面对的人口老龄化挑战，积极推进医疗健康养老产业项下的自由贸易；同时，参照 CPTPP 规则安排，逐步实现中日韩数字贸易规则的对接。

欧渤芊　中日韩合作秘书处秘书长

中日韩位列全球数字经济大国前七位，三国在数字化和创新政策的支持下，将有更大的合作空间，应加快推动数字贸易协议落地。

安忠荣　韩国中央大学国际关系研究生院特聘教授

中日韩三国可以在数字贸易方面尽快签署相关协议，使区域内的中小企业可以加入供应链、产业链中来。

迟福林　中国（海南）改革发展研究院院长

中日韩要共同深化在东盟的第三方投资合作，继续推动设立中日韩共同投资基金，探讨设立中日韩东盟投资合作平台。

杨伯江　中国社会科学院日本研究所所长

在 RCEP 生效实施后，预计中日韩将会以两两合作的方式在第三方市场开展经贸合作。

胡正跃　中国公共外交协会副会长

东亚国家间亟须增进信任，改善相互间的民意基础和舆论氛围，增进青年人之间的了解和友谊，同时三方也可携手同第三国建立“中日韩+”公共卫生合作机制。

安忠荣　韩国中央大学国际关系研究生院特聘教授

中日韩三国从民间到官方层面要加强人文和旅游领域的交流，形成中日双向人文交流的规模效应和声势，并在平等、互惠、相互尊重、相互信赖的基础上继续加强两国政府部门间的沟通对话，为实现中日韩自由贸易打下基础。

邱国洪　中国前驻韩国大使

要利用各种文化体育交流渠道，增加为三国企业尤其是中小企业开展合作的机会。

四、RCEP 实施是中日韩深化供应链合作的重要机遇

邱国洪 中国前驻韩国大使

RCEP 的生效相当于使中日韩三国首次有了间接的自贸协定，中日韩经贸合作有望迎来新的机遇。因为 RCEP 是目前全球规模最大的区域经济合作安排，特别是其中的知识产权和电子商务章节，适应了数字经济时代的发展需求，必将助推中日韩三国提升合作质量。

欧渤芊 中日韩合作秘书处秘书长

RCEP 的生效将扩大各国优势，进一步促进区域内商品、服务、资金流动，推动区域内产业链、供应链的融合发展。

迟福林 中国（海南）改革发展研究院院长

RCEP 将通过更加灵活的原产地累积规则促进三国间产业链、供应链、价值链的进一步融合。

张蕴岭 中国社会科学院学部委员

RCEP 最大的功效是降低交易成本，使产业链的重构更能以低成本进行，走向一个统一、开放的东亚大市场，最终形成一个开放的、共同发展的经济区。

杨伯江　中国社会科学院日本研究所所长

根据 RCEP 规定，中日韩互相签署了给予其他两国的关税承诺，三国的贸易合作有了广阔的平台和基础，这给拓宽贸易合作、建立更紧密的经贸关系带来了巨大机遇。

金星焕　韩国东亚财团主席

随着 RCEP 的生效，中日韩之间的供应链合作有望扩大，同时鉴于全球气候变化形势严峻，构建中日韩绿色供应链已经成为当务之急。

赵晋平　国务院发展研究中心对外经济研究部原部长

RCEP 的生效是中日韩三国深化供应链合作的一个新契机，在高水平投资自由化条款的影响之下，中日韩三国之间通过扩大相互投资带动供应链的重组将会发挥积极的作用。

张蕴岭　中国社会科学院学部委员

在 RCEP 生效实施的背景下，中日韩供应链产业分工的重构需要进一步加强，要充分利用开放的空间，克服发展障碍。

五、中日韩重构供应链的政策协调与行动

安忠荣　韩国中央大学国际关系研究生院特聘教授

应当避免中美的紧张情绪打击到中日韩之间的供应链，东亚国家应制

定互相合作的制度规定。

赵晋平 国务院发展研究中心对外经济研究部原部长

要实现全球供应链重组，一定要坚持反对贸易保护主义、反对投资保护主义。

吴士存 中国-东南亚南海研究中心理事会主席

美国以竞争地缘经济秩序主导权为目的的战略是中日韩区域经济合作最重要的干扰因素，历史遗留问题、海洋争端等也严重影响三国政治互信。

金道熏 韩国产业经济与贸易研究院原院长

中日韩由于一些政治方面的原因导致相互之间缺少信赖，引发了供应链的问题。

迟福林 中国（海南）改革发展研究院院长

要以装备制造、智能制造等为重点，在RCEP框架下推动构建更具韧性和活力的制造业产业链、供应链。

张蕴岭 中国社会科学院学部委员

中日韩三国的技术合作在整个产业链、供应链构建中非常关键，中日韩要克服美国对华技术限制所带来的障碍，实现东亚产业链的重构。

邱国洪　中国前驻韩国大使

一是通过编撰通俗的解读 RCEP 手册和组织多种形式的专门培训，向中小企业普及 RCEP 知识，启发他们从中寻找适合自己的向外发展机会；二是用好 RCEP 中有关数字经济和电子商务的条款，大力推动三国以中小企业为主的创新创业合作；三是利用各种文化体育交流渠道，增加为三国企业特别是中小企业开展互利共赢合作的牵线搭桥机会。

安忠荣　韩国中央大学国际关系研究生院特聘教授

RCEP 原产地累积规则对区域内的中小企业来讲具有决定性的作用，让他们具有参与贸易的机会。建议中日韩三国在数字贸易方面率先签署协议，使区域内的中小企业可以加入供应链中来。

六、“碳中和”目标下的中日韩供应链合作

郑瑞荣　韩国高丽大学国际研究学院教授

一是加强中日韩清洁电力使用的合作，这直接关系到碳减排，包括太阳能、风能和核能，可考虑建立东北亚的超级电网；二是加强东北亚在交通方面的合作，包括电动车、铁路、空运等；三是加强东北亚地区联合应对森林大火的合作，以及加强海洋开发的合作。

土井菜保子　日本能源经济研究所气候变化和能源效率组高级经济学家

中日韩可以做一些小规模能源的合作，也可将这些合作放在第三方国家进行支持。比如物流的电动化，中日韩应该合作并与相关发展中国家一起绑定，协助发展中国家清洁能源的普及。

秋元圭吾 日本地球环境产业技术研究机构首席研究员

可再生能源的利用非常重要，如氢气、氨气作为可再生能源可代替目前使用的能源，这是目前日本“碳中和”所采取的主要措施。

黄株浩 韩国庆熙大学原副校长

未来氢发电中氨的比例为20%～30%，因此中日韩都需要低成本开发氢和氨的技术，中日韩之间需建立“氢—氨融合利用开发”的合作联盟。

秋元圭吾 日本地球环境产业技术研究机构首席研究员

日本计划在2050年实现“碳中和”，一次能源由可再生能源、核能和生物能源组成，但是对日本来说可再生能源价格比较高，规模不大，潜力相对较小，因此更加需要制定利用海外再生能源和生物能源的全球战略。

金相浹 韩国济州研究院院长

世界已经无法逆转脱碳的趋势，绿色经济目前已经成为一个主流，尤其是中日韩都已经宣布了“碳中和”时间表，并将加强气候领域的合作。

土井菜保子 日本能源经济研究所气候变化和能源效率组高级经济学家

《巴黎协定》的主要目标是将全球气温上升控制在1.5摄氏度以内，需要中日韩持续加强合作并加大对发展中国家的支持。

郑瑞荣　韩国高丽大学国际研究学院教授

《巴黎协定》在新的层面上给每个国家制定了应对气候变化的时间表，中日韩可以在《巴黎协定》的框架内在多领域进行合作，如建立领导人会谈机制和“碳中和”联盟等。

将海南自由贸易港打造成为 RCEP 区域先行合作区

一、RCEP 将为区域经济一体化提供重大利好

蒋建国 中共中央宣传部副部长

RCEP 的签署标志着全球最大自贸区扬帆起航。有助于各成员国减少壁垒，形成更加开放的区域环境，提升贸易自由化水平和贸易进出口总额，提升国内生产总值和社会总福利水平，促进世界经济复苏和增长。

迟福林 中国（海南）改革发展研究院院长

RCEP 规则安排具有发展导向规则和标准导向规则并行、统一性与包容性兼顾、约束性与灵活性兼容、自由贸易新议题与 WTO 基本原则衔接等突出特点，是多边主义与自由贸易的胜利，将对区域经济一体化产生重大影响。

周树春 中国日报社社长、总编辑

RCEP 给亚洲和世界带来了非常重要的信心，全球化仍有希望，经济全球化潮流不可阻挡。

二、海南自由贸易港将在 RCEP 区域合作中发挥特殊作用

蒋建国 中共中央宣传部副部长

海南自由贸易港是国际循环与国内循环的交汇点，是新时代中国对外开放的鲜明旗帜和重要开放门户，将在 RCEP 区域合作中发挥重要作用。

肖莺子 海南省宣传部部长

RCEP 的签署，将与海南自由贸易港政策产生“叠加效应”，吸引全球商品和资金、人才、技术等各类生产要素和资源，通过海南这个重要交汇节点平台，便捷进出国内、国际市场，在连接和畅通国内国际双循环中发挥关键作用。

周树春 中国日报社社长、总编辑

海南自由贸易港作为新时代中国的重要对外开放门户，兼具面向世界和国内超大规模市场的独特优势，在高水平对外开放背景下，将在推进区域经济一体化进程中发挥关键作用。

张晓强 中国国际经济交流中心常务副理事长

海南位于 RCEP 覆盖区域的中心位置，且具有自由贸易港政策优势，有条件成为区域内的新型国际贸易中心与经济文化交流中心。

迟福林 中国（海南）改革发展研究院院长

要抓住 RCEP 生效到成熟运作的时间窗口期，用好自由贸易港政策与 RCEP 规则的叠加优势，尽快取得建立面向东盟区域性市场的重要突破，这既有利于尽快取得 RCEP 框架下区域内双边多边经贸合作的“早期收获”，也为各类企业投资东盟市场和分享中国大市场提供重要平台。

杨荣文 新加坡前外交部部长

在海南自由贸易港建立 RCEP 培训中心，在推进 RCEP 区域内欠发达国家能力建设与人力资源开发方面发挥重要作用。

张晓强 中国国际经济交流中心常务副理事长

海南需要发挥背靠华南地区腹地优势，共同推进与东盟国家的合作，形成自身整体优势。

欧渤芊 中日韩合作秘书处秘书长

RCEP 的签署为海南自由贸易港提供更大发展空间的同时，也提升了海南自由贸易港建设的紧迫性。这就需要加快海南自由贸易港建设步伐，实现最高水平对外开放。

阿农南 菲律宾外交关系委员会主席

海南将会成为中国乃至世界的消费中心，特别是在金融、医药、教育产业发展和奢侈品消费等方面具有巨大潜力。

三、以务实举措在海南建立面向东盟的区域性市场

杨荣文 新加坡贸工部前部长

中立地位以及主要国家的友好关系，使得东盟可以成为一个很好的交流平台，非东盟国家间的争端可以通过东盟这个平台得以有效解决。

吴海龙 中国公共外交协会会长

亚太地区成为世界上最稳定、最繁荣、最有活力的一个区域，海南自由贸易港也会因此而会、因此而兴，因此而盛。

帕拉格·康纳 新加坡全球战略咨询公司 Future Map 创始人

南亚和东南亚国家有可能成为亚洲经济发展的第四次浪潮，得益于相对年轻的人口，其经济将会以更快的速度增长。

肖莺子 海南省宣传部部长

海南通过着力发展离岛免税购物，建设国际医疗旅游先行区、国际教育岛等举措，为 RCEP 区域内消费者提供高端产品和国际化的就医、留学等服务。

迟福林 中国（海南）改革发展研究院院长

疫情稳定后，海南要率先与东盟国家的岛屿地区开展邮轮旅游合作，实施游客互换、资源共享与联合营销，并推进旅游服务标准对接、人员跨境流动便利化等。

廖民生 海南热带海洋学院副院长

利用 RCEP 形成的区域性一体化大市场，积极打造面向东盟的中高端旅游胜地、医疗健康消费目的地、中转枢纽。同时，利用消博会等平台，使得基于供应链、产业链和消费链创新增长的大中小型会议云集海南。

张晓强 中国国际经济交流中心常务副理事长

积极利用自贸港金融结算的政策优势培育发展离岸贸易，建设离岸贸易中心。同时，依托海南自由贸易港政策，集聚一批具有全球影响力的，且能够对全球产业链、供应链、价值链产生重大影响的总部企业。

四、参考 RCEP 尽快将《总体方案》相关政策具体化

夏德仁 全国政协经济委员会副主任

海南自由贸易港应在全国率先对接 RCEP 规则，形成一套成熟的经验，为全国提供先行示范。

迟福林 中国（海南）改革发展研究院院长

对表 RCEP 关税减让清单，适时升级海南自由贸易港“一负三正”零关税清单，扩大零关税覆盖范围；借鉴 RCEP 海关程序与贸易便利化条款，制定包括农产品在内的海南自由贸易港海关查验程序与快速通关制度等。

欧渤芊 中日韩合作秘书处秘书长

RCEP 生效后，海南自由贸易港零关税政策的边际效应将会逐步递减，需

要以更大力度创新形成自身突出优势。

肖莺子 海南省宣传部部长

海南自由贸易港将进一步完善准入前国民待遇加负面清单管理制度，持续优化营商环境，并充分利用 RCEP 规则，在内外规则互认、投资保护、技术法规对接等方面实现重要突破。

迟福林 中国（海南）改革发展研究院院长

制定不低于 RCEP 最高水平承诺的跨境服务贸易负面清单，并强化与新加坡等东盟国家专业服务业管理标准规则对接。

五、推进中国-东盟全面战略伙伴关系背景下的海南自由贸易港

迟福林 中国（海南）改革发展研究院院长

应建立海南自由贸易港与东盟智库联盟。第一，中国-东盟合作交流进入新阶段。中国-东盟互为最大贸易伙伴新格局；全面战略伙伴关系建立与 RCEP 正式生效，中国-东盟经贸合作的潜力巨大；中国-东盟全面合作不仅将在推动东亚经济一体化中发挥更大作用，也将对推动全球经济治理变革、维护多边贸易体制等方面产生重大影响。第二，海南自由贸易港将成为中国-东盟全面合作交流的重要枢纽与交汇点，在连接两个市场、促进人文交流中发挥独特作用。第三，适应全面战略伙伴关系框架下中国-东盟全方位合作的共同需求，在区域智库交流互鉴中共同提高影响力与智力支持能力，为中国-东盟全面合作交流提供智力支撑。

霍建国　中国世界贸易组织研究会副会长

中国与东盟智库需要在开放、改革以及市场体系建设方面加强研究。开展相关领域的研究是智库应该承担的责任。从开放的角度看，目标是资源的自由流动与有效配置。从改革的角度看，目标是要建立市场化、法治化、国际化的营商环境。

田雪原　中国社会科学院学部委员

关于中国-东盟全面战略伙伴关系与海南自由贸易港建设的关系。应相互支撑，站在中国-东盟全面战略伙伴关系立场观察，海南自由贸易港犹如围棋核心的一只“眼”；站在海南自由贸易港立场观察，中国-东盟全面战略伙伴关系是自由贸易港的第一驿站，理应相互依托、共赢发展。另外，金融互通。金融是经济运行的血脉，中国与东盟地域相接，血脉要畅通无阻。对于金融互通，提三点建议：第一，“两步走”方案。第一步，中国-东盟使用本国货币结算；第二步，提出创新中国-东盟一体化货币（ACSE）构想，打造类似欧元的货币改革。可分步骤进行：先在新加坡、中国香港、海南试行，初期仅用于贸易结算；取得成功后，进行统一货币改革。第二，各国原有货币仍可在本国继续使用，兑换成 ACSE 后，作为中国-东盟贸易专项货币使用。第三，顺势而为，条件成熟时演变为统一货币。最后，建议在海南自由贸易港选址和筹备建立中国-东盟学术交流平台。

崔　凡　对外经济贸易大学国际经贸学院教授

应进一步发挥海南在加强中国-东盟经贸合作中的作用。工业制成品特别是中间产品是中国-东盟贸易的主要商品。海南作为中国与东盟合作的前沿。应进一步发挥海南在加强中国-东盟经贸合作中的作用。

康端严　新加坡国立大学东亚研究所研究员

应加强海南与东盟的产业合作。包括：热带农业合作。东盟依赖热带高效农业，如何更有效利用科技增加农业产出对于东盟国家来说非常重要。海南也要发展热带高效农业，这对中国-东盟是一个非常好的合作方向。海南可以作为中国与东盟农业合作包括农业科技合作的试验田，这样的试验在海南开展比在中国其他地区开展更为合适。另外是港口合作。洋浦港是一个集装箱港口，尽管与上海港、宁波港等其他中国大港口相比还很小，但未来发展潜力巨大。洋浦港有自己的优势，它是离东盟最近的港口，也是西部陆海新通道的要点，这使得中国内陆能够通过海南加强和东盟的联系。

李世杰　海南大学经济学院院长

海南自由贸易港应当在推进中国与东盟全面战略伙伴关系、深化中国-东盟经贸合作中发挥重要作用。中国-东盟经贸合作仍有发展空间。海南要在深化中国-东盟经贸合作中发挥更重要的作用。海南自由贸易港加工增值货物内销免征关税政策，使海南成为商品贸易内外双循环的接口。

建立 RCEP 区域合作智库联盟或智库论坛

一、智库在 RCEP 区域合作中扮演重要角色

蒋建国 中央宣传部副部长

RCEP 成员国在经济发展水平、意识形态等各方面存在明显差异，媒体和智库担负着帮助各国人民不断增进了解、扩大交流、凝聚共识、加深友谊的使命。通过“媒体+智库”的叠加效应，充分介绍各方互利合作、双赢多赢故事，为推进区域经济一体化和高质量发展打下坚实的民意基础。

周树春 中国日报社社长、总编辑

作为促进人类发展进步的重要力量，新闻媒体和智库机构应该进一步发挥增进了解、扩大合作的特殊作用，在促进区域经济发展、文明交流互鉴中，推动世界朝着正确的方向前进。

阿农南 菲律宾外交关系委员会主席

媒体智库和其他的机构一定要发挥自己的领导作用，协调一致，促进本地区持久的和平与繁荣。

二、尽快建立 RCEP 区域合作智库联盟

欧渤芊　中日韩合作秘书处秘书长

中国人民外交学会将继续与中改院合作，并建立一个机制性的中国-东盟论坛，这样能够把海南自由贸易港的建设和中国与东盟的关系，以及 RCEP 区域合作发展结合起来。

吴士存　中国南海研究院院长

率先建立智库联盟，并逐步扩大到智库媒体联盟，共同就 RCEP 区域合作的机遇与挑战开展研究。

郝福满　新加坡国立大学东亚研究所所长

建立智库合作平台是推进 RCEP 区域合作的一个快捷的方式，也是最有效的方式。

王辉耀　全球化智库理事长

建立 RCEP 区域合作智库联盟的倡议将使得海南在推动区域合作方面发挥更大作用。

三、人文交流是促进 RCEP 区域合作的重要引擎

吴海龙 中国公共外交协会会长

RCEP 成员国间需要加强沟通和交流，增进彼此的理解和信任，以维护 RCEP 成员国的团结和合作。

舍雷瓦 柬埔寨皇家科学院中国研究中心主任

为发挥 RCEP 作用并促进区域合作的公平性、多样性和包容性，一是要促进文化交流，以减少成员国间的文化冲突；二是要加强学术交流，创新合作途径；三是要将旅游等合作作为人文交流的有效形式。

欧渤芊 中日韩合作秘书处秘书长

人文交流将在 RCEP 大框架下变得更加密切，将为 RCEP 充分释放自由贸易红利奠定良好的民意基础。

许利平 中国社会科学院亚太与全球战略研究院亚太社会文化研究室主任

促进 RCEP 人文交流对推进东亚区域一体化乃至整个亚太区域一体化有重要意义，对如何应对新业态的风险具有先导性作用。基于软联通（规则联通）、新联通（价值观一致性）、情谊联通的目标，可以将“10+3”（东盟+中日韩）作为引领，逐步建立“10+5”的人文交流机制。

康端严　新加坡国立大学东亚研究所研究员

为促进 RCEP 的发展，除了官方交流，应该加强人文交流。人文交流要使得 RCEP 整个系统更加开放，除了继续邀请印度参与，还要积极吸引对 RCEP 感兴趣的其他国家。

四、充分发挥媒体与智库在促进 RCEP 人文交流中的作用

欧渤芊　中日韩合作秘书处秘书长

RCEP 区域内各国民众尤其是年轻群体之间的好感度在持续降低。疫情下，面对面的交流受阻，有些负面情绪在网上螺旋向上堆积、发酵和放大，并向线下转移。

金相浃　韩国济州研究院院长

地缘政治是阻碍人文交流的一个突出因素，需要发挥媒体与智库在促进人文交流中的作用。智库应深耕 RCEP 成员国各部门、各行业的合作路径研究，为政府理性决策提供数据基础，为民众理性认知并切实受惠于 RCEP 提供政策说明。

金相浃　韩国济州研究院院长

智库的作用并不局限于制定公共政策，在促进人文交流、知识共享、引导公众舆论等方面也能够发挥重要作用。

吴海龙 中国公共外交协会会长

媒体和智库要为增进区域内各国民众相互了解发挥积极作用，要为加快区域经济一体化进程、RCEP 的有效实施提供建设性的意见和建议。

王一鸣 中国国际经济交流中心副理事长

媒体和智库在推动社会进步中负有重要使命，需要携手坚持维护多边主义、推动经济全球化、促进区域经济一体化、构建开放型世界经济。

许利平 中国社会科学院亚太社会文化研究室主任

媒体和智库在 RCEP 区域人文交流中扮演着疏通者、传播者、引导者的角色。

黄宁宁 海南中改国浩自贸港法律研究中心执行主任

应加强媒体和智库间、智库与智库间线上线下的学习和交流，从而促进 RCEP 区域内外的人文交流。

欧渤芊 中日韩合作秘书处秘书长

媒体应紧抓 RCEP 生效的机遇，积极引导正面舆论，放大理性声音，为贸易自由化塑造良好的民意基础和舆论氛围。

五、共建媒体与智库合作网络

迟福林 中国（海南）改革发展研究院院长

建立 RCEP 区域合作的智库联盟或智库论坛，共同打造开放的区域智库合作网络，为促进 RCEP 区域发展和人文交流提供智力支持、搭建交流与合作平台。

郝福满 新加坡国立大学东亚研究所所长

RCEP 是全球最大的自由贸易区，RCEP 智库联盟将在促进 RCEP 发展和人文交流方面发挥重要作用，东亚研究所愿意参与其中。

金相浃 韩国济州研究院院长

可以进一步地扩大智库合作网络，以涵盖 RCEP 成员国的主要城市。

莎 达 欧洲新地平线项目创始人

把欧洲的智库团结起来，与 RCEP 区域的智库，比如海南自由贸易港的智库，来共同开展政策研究，促进人文交流，创造机会了解彼此。

许利平 中国社会科学院亚太社会文化研究室主任

建立智库联盟，一是要体现权威性，智库联盟一定要能够转化并和顶层设计直接对接；二是要体现专业性，要从细分行业的角度精准对接 RCEP；三是要体现创新性，重点是体制机制的创新。

迟福林　中国（海南）改革发展研究院院长

加强 RCEP 媒体及人文交流，构建官民并举、多方参与的人文交流机制，在区域媒体信息联合发布、青年学者交流等诸多方面加强合作。

苏　裕　中国-东盟中心新闻公关部主任

应提高中国-东盟媒体合作的效率。一是关注共同利益和共同价值观；二是建立协调机制；三是加强媒体人员的能力建设；四是通过“媒体+智库”的形式加强合作。

许利平　中国社会科学院亚太社会文化研究室主任

建立“10+5”媒体合作的联盟，包括传统媒体、新媒体和融媒体。

关向东　中新社菲律宾分社社长

应加强区域内的媒体联动，不一定要组团去实地采访，但可以用好我国派驻海外的媒体进行专题性调研，然后加以报道；主流媒体可以大力宣传专家建议，使普通大众可以直接阅读专家观点。

韩潮光　海南日报报业集团副总编辑

RCEP 的生效宣告全球最大的自贸区产生，而海南正在建设全球最大的自贸港，两个全球之最交织碰撞，既为经贸合作提供了大舞台，也为人文交流提供了大平台，更为媒体的交流合作创造了新机遇。要充分发挥好海南自贸港的友城资源，大力推进“一城一媒”的计划。

后　记

2020年11月15日，在第四次区域全面经济伙伴关系协定领导人会议期间，东盟十国和中国、日本、韩国、澳大利亚、新西兰正式签署《区域全面经济伙伴关系协定》。2022年1月1日，RCEP正式生效实施，标志着当今世界最大的自由贸易区正式起航，这是经济全球化逆潮下自由贸易和多边主义的胜利，是亚洲区域经济一体化的重大利好。与其他自贸协定相比，RCEP有其自身的突出特点：一是开放性。践行多边主义，不排斥任何国家加入。二是包容性。平衡不同发展水平国家的诉求与利益。三是渐进性。灵活务实地推动成员国之间的开放合作。RCEP的正式生效，不仅为区域经济一体化注入新动力，也将为推动全球自由贸易进程作出新贡献。

当前，以RCEP实施为重点进一步推动区域经济一体化进程，推动建设全球最大自由贸易区取得实质性成效还面临着一系列需要深入研究的重大课题。在这一背景下，中共海南省委宣传部、中国日报社、中国（海南）改革发展研究院等机构就一系列重大现实问题进行研讨，形成了丰硕的成果，产生了广泛的政策影响力、社会影响力和国际影响力。在此基础上，我们将对RCEP开展更深入的研究研讨，为合力建设全球最大自由贸易区作出智库的贡献。

为了更好地服务政策决策，也为了让RCEP的市场主体更多地了解相关政策与体制，我们把中外专家的智慧汇集起来，结集出版此书。本书由中国（海南）改革发展研究院院长迟福林担任主编。陈薇、匡贤明、陈所华、刘铁奇等参与本书相关编辑和修改工作。中国工人出版社对本书的出版给予了大力支持，在此一并表示感谢。